泛IT工程探索与实践

刘雄华 **编著**

周俊杰　何露露　罗阿丽 **参编**

华中科技大学出版社
http://press.hust.edu.cn
中国·武汉

内 容 简 介

本书主要介绍了武汉工商学院计算机与自动化学院在人才培养方面所做的探索和实践内容,还介绍了泛IT工程的相关概念、地方应用型高校进行产教融合的探索和实践、现代产业学院的建设等。

泛IT工程的内容主要涵盖了泛IT技术、人才、教育、产业等各个方面。本书还论述了在应用型泛IT人才工程教育中应该贯彻OBE(成果导向教育)教育模式,从以学生为中心、反向设计、持续改进三个方面改革教学过程,进一步提升学生、家庭、社会对高等教育的满意度。"产教融合"探索部分的内容主要包括产教融合产生和发展的原因、产教融合的形式及内容、当前产教融合过程中出现的矛盾点、产教融合的意义与价值。泛IT现代产业学院建设的内容包括泛IT现代产业学院的建设方案和内容。

本书适合普通高校的教育工作者使用和阅读,对地方应用型高校在人才培养的探索与实践方面有一定的借鉴意义。

图书在版编目(CIP)数据

泛IT工程探索与实践 / 刘雄华编著. -- 武汉：华中科技大学出版社,2024.12.
ISBN 978-7-5772-1531-0

Ⅰ.F49

中国国家版本馆CIP数据核字第202465UH66号

泛IT工程探索与实践　　　　　　　　　　　　　　　　　　　刘雄华　编著
Fan IT Gongcheng Tansuo yu Shijian

策划编辑：范　莹
责任编辑：范　莹
封面设计：原色设计
责任校对：陈元玉
责任监印：周治超

出版发行：华中科技大学出版社(中国·武汉)　　电话：(027)81321913
　　　　　武汉市东湖新技术开发区华工科技园　　邮编：430223
录　　排：孙雅丽
印　　刷：武汉市洪林印务有限公司
开　　本：710mm×1000mm　1/16
印　　张：13.75
字　　数：237千字
版　　次：2024年12月第1版第1次印刷
定　　价：68.00元

本书若有印装质量问题,请向出版社营销中心调换
全国免费服务热线：400-6679-118　　竭诚为您服务
版权所有　侵权必究

前言

产教融合是当代大学培养创新型人才、开展高水平科研、为经济社会发展服务的一种重要教育理念和教育模式。国内外很多大学,在产教融合方面进行了积极的实践探索,并取得了显著的成绩。

武汉工商学院计算机与自动化学院自成立以来,持之以恒地坚持在产教融合中奉献社会、发展自己,形成了鲜明的办学特色和优良的办学传统。计算机与自动化学院在产教融合的泛IT人才培养模式的探索与实践方面,得到了政府、社会的充分肯定以及企业、行业的大力配合。学校、学院联合多个企业合作组建的泛IT产业学院也在持续建设中,为应用型泛IT人才的培养不断贡献着其智慧和力量。

本书是武汉工商学院计算机与自动化学院产教融合的泛IT人才培养探索与实践的阶段性总结。全书共分3个部分。

泛IT概述部分主要对泛IT进行了定义,包括泛IT技术、泛IT人才、泛IT教育、泛IT产业,以及泛IT工程、泛IT教育工程、泛IT产业工程。"产教融合"的探索部分讲述了应用型高校对泛IT教育和产业进行产教融合的探索,包括产教融合的产生和发展过程、产教融合的形式、产教融合的内容、产教融合过程中的矛盾点,以及办好产教融合的意义和价值。泛IT现代产业学院建设部分讲述了产教融合的组织和表现形式,描述了现代产业学院的建设方案和建设内容,涵盖了现代产业学院的建设机制、核心内涵、教学体系、科研体系、能力提升体系、评价体系、人力资源体系等。

武汉工商学院对产教融合的认识和实践是一个不断深化的过程。其在泛IT产业教育、应用和高校人才的培养模式、人才培养体系构建和现代产业学院的建设等方面均取得了显著成果。产教融合已经成为学校培养创新型人才的重要途径,是学校改革和发展的战略选择,并逐渐形成了一套比较完整的制度体系。

泛IT工程探索与实践方面取得的理论研究和实践探索成果,不仅对提升武汉工商学院办学质量和效益产生了深刻影响,而且为兄弟高校的改革和发展提供了重要的启示和借鉴,为社会发展做出了积极的贡献。

本书由武汉工商学院计算机与自动化学院教研团队组织编写,由刘雄华教授主编并统稿。参与编写的教师有周俊杰、何露露、罗阿丽等,其中第1章、第2章由周俊杰编写,第3章到第7章由何露露编写,第8章、第9章由罗阿丽编写。由于时间仓促,书中有不足或疏漏之处在所难免,希望广大读者批评指正。

著者
2024 年 11 月

目录

第一部分 泛IT概述

第1章 什么是"泛IT" ……………………………………………………… 3
1.1 泛IT技术 …………………………………………………………… 4
1.1.1 数字化技术 ………………………………………………… 4
1.1.2 数字经济 …………………………………………………… 5
1.2 泛IT人才 …………………………………………………………… 5
1.2.1 泛IT人才特征 ……………………………………………… 5
1.2.2 泛IT人才等级 ……………………………………………… 6
1.2.3 泛IT人才能力素质模型 …………………………………… 7
1.2.4 泛IT人才提升体系 ………………………………………… 13
1.2.5 泛IT人才培养过程 ………………………………………… 14
1.2.6 泛IT人才工程培养 ………………………………………… 14
1.3 泛IT教育(应用型教育,采用工程教育方法) …………………… 15
1.3.1 高等工程教育与高等理科教育、高等职业教育的异同 …… 15
1.3.2 应用型大学和研究型大学的区别 ………………………… 20
1.4 泛IT产业 …………………………………………………………… 21

第2章 什么是"泛IT工程" …………………………………………… 23
2.1 工程相关概念 ……………………………………………………… 24
2.1.1 科学 ………………………………………………………… 24
2.1.2 技术 ………………………………………………………… 24
2.1.3 工程 ………………………………………………………… 24

2.1.4　工程技术……………………………………………………25
　　2.1.5　工程学………………………………………………………25
2.2　泛IT工程………………………………………………………………25
　　2.2.1　能不能脱离产业谈教育……………………………………25
　　2.2.2　能不能脱离教育谈产业……………………………………26
　　2.2.3　教育与产业之间的联系……………………………………27
　　2.2.4　泛IT工程是一个"双融合"工程……………………………28
　　2.2.5　工程教育……………………………………………………29
2.3　泛IT教育工程…………………………………………………………43
　　2.3.1　泛IT教育工程实践说明……………………………………43
　　2.3.2　泛IT教育相关理论…………………………………………45
2.4　泛IT产业工程………………………………………………………124
　　2.4.1　主体人员组成………………………………………………125
　　2.4.2　产业作用……………………………………………………125
　　2.4.3　能力构成……………………………………………………126
　　2.4.4　相关机构……………………………………………………126

第二部分
"产教融合"的探索

第3章　"产教融合"的产生与发展……………………………………131
3.1　转变:从结合到融合…………………………………………………131
3.2　目的:产品落地………………………………………………………132
　　3.2.1　由科研负责人梳理技术方向………………………………132
　　3.2.2　科研团队或科研小分队整理项目demo(难点突破)………133
　　3.2.3　形成产品的半成品阶段……………………………………134
　　3.2.4　由实施团队负责项目落地…………………………………135
　　3.2.5　维护阶段……………………………………………………135
3.3　矛盾:领导地位之争…………………………………………………136
3.4　愿景:现代化应用型人才……………………………………………137

第 4 章 "产教融合"形式 ································139
- 4.1 人员融合 ································139
- 4.2 流程融合 ································139
- 4.3 产品融合 ································140
- 4.4 资源融合 ································140
- 4.5 能力融合 ································140

第 5 章 "产教融合"内容 ································142
- 5.1 科研赋能 ································142
- 5.2 能力提升 ································142
- 5.3 评价改革 ································143
- 5.4 精准服务 ································144

第 6 章 "产教融合"矛盾点 ································145
- 6.1 "双师型"教师的角色困境 ································145
- 6.2 职业技能大赛的育才局限 ································146
- 6.3 是否只能与头部企业合作 ································147
- 6.4 能否借鉴医院医学院前厂后店模式 ································148

第 7 章 "产教融合"意义与价值 ································150
- 7.1 "产教融合"的意义 ································150
- 7.2 "产教融合"的价值 ································151
  - 7.2.1 促进泛IT教育改革 ································151
  - 7.2.2 助力泛IT人才培养 ································152
  - 7.2.3 发挥社会服务作用 ································155

第三部分
泛IT现代产业学院建设

第 8 章 建设方案 ································159
- 8.1 建设目标 ································160
- 8.2 建设机制 ································161

8.2.1 四链融合机制 ······ 161
8.2.2 开放共享机制 ······ 162
8.2.3 产教联动机制 ······ 162
8.3 核心内涵 ······ 163
8.3.1 需求层面:对接产业技术创新需求 ······ 163
8.3.2 组织理念:交叉融合与协同共享 ······ 163
8.3.3 功能特征:具有复合一体性 ······ 164

第9章 建设内容 ······ 165
9.1 教学体系建设 ······ 165
9.1.1 实验室建设 ······ 165
9.1.2 教研中心建设 ······ 166
9.1.3 一流专业建设 ······ 171
9.1.4 师资队伍建设 ······ 174
9.2 科研体系建设 ······ 175
9.2.1 科研方向可行性团队建设 ······ 175
9.2.2 科研demo团队建设 ······ 176
9.2.3 科研专题 ······ 177
9.2.4 科研组织结构 ······ 180
9.2.5 科研服务 ······ 181
9.2.6 科研成果 ······ 185
9.3 能力提升体系建设 ······ 188
9.3.1 实训中心建设 ······ 188
9.3.2 集训中心建设 ······ 189
9.3.3 见习中心建设 ······ 196
9.4 评价体系建设 ······ 200
9.4.1 学生能力评价中心建设 ······ 200
9.4.2 教学能力评价中心建设 ······ 202
9.4.3 科研能力评价中心建设 ······ 203
9.5 人力资源体系建设 ······ 204

参考文献 ······ 206

第一部分

泛IT概述

第1章

什么是"泛IT"

泛IT，即信息技术（information technology），是一个综合性技术概念。它涵盖了计算机科学、软件工程、网络技术、数据库管理、信息安全等多个重要领域。在当今高度数字化的时代，泛IT已经渗透到各个行业和领域中，成为现代社会的关键基础和支柱。

首先，泛IT的核心是计算机科学。它涉及计算机硬件和软件的原理、设计、开发和应用等方面。计算机科学的发展使得人们能够更加高效、快速地处理和存储大量的数据，为各个领域提供了强大的数据处理和分析能力，推动了生产力和生产效率的提升。

其次，软件工程也是泛IT中不可或缺的一环。软件工程涉及软件的开发、测试、维护和管理等方面。通过软件工程的方法和技术，人们能够开发出功能强大、稳定可靠的软件，满足各种复杂的需求。软件工程的应用范围广泛，从操作系统、数据库管理系统到各类应用软件，都离不开软件工程的支持。

网络技术是泛IT中的重要组成部分。随着互联网的普及和发展，网络技术的应用范围也越来越广泛。网络技术不仅能够实现人与人之间的远程通信，还可以连接各种设备和系统，实现信息的共享和交流。无论是企业的办公环境，还是个人的日常生活，网络技术都起着至关重要的作用。

数据库管理是泛IT中的关键环节之一。随着数据量的急剧增长，如何高效地管理和利用数据成为重要的课题。数据库管理系统能够帮助人们存储、组织和管理大量的数据，提供高效的数据检索和处理能力，为各个行业提供了强大的数据支持。

最后，信息安全是泛IT中的一个重要领域。随着信息技术的广泛应用，信息安全问题也日益突出。信息安全涉及了数据的保护、网络的防御、恶意软件的防范等方面。通过信息安全技术的应用，人们能够保护自己的数据和隐私，确保信息的安全和可靠性。

综上所述，泛IT作为一个综合性技术概念，在当今数字化时代扮演着重要的角色，为各行各业提供了强大的技术支持和解决方案。此外，泛IT强调的是一种互联和互通的概念，旨在实现人、机、物在任何时间、任何地点的互联互通。因此，泛IT可以理解为将各种信息传感设备与互联网结合起来，形成一个巨大网络，以实现更广泛、更深入的数字化和智能化应用。

1.1 泛IT技术

1.1.1 数字化技术

泛IT技术即数字化技术，是计算机技术、多媒体技术、互联网技术以及信息社会的基础，是实现信息数字化的技术手段。它将客观世界中的事物转换成计算机能识别的机器语言，即二进制"0"和"1"，从而实现后续一系列的加工处理等操作。数字化技术一般包括数字编码、数字压缩、数字传输、数字调制解调等技术。数字化技术的定义可以从以下不同方面进行阐述。

（1）技术方面：数字化技术使用数字技术将非数字信息转换为数字形式，包括数字信号处理、数字影像处理、数字音频处理、数字文本处理等技术。

（2）经济方面：数字化技术将经济活动数字化，包括数字支付、电子商务、数字化营销、数字化供应链管理等。

（3）社会方面：数字化技术利用数字技术提高社会组织、社会运作的效率和透明度，以实现社会的数字化转型。

数字化技术优势体现在以下几个方面。

（1）数字信号与模拟信号相比，前者是加工信号。加工信号对于有杂波和易产生失真的外部环境和电路条件来说，具有较好的稳定性。可以说，数字信号适用于易产生杂波和波形失真的录像机及远距离传送使用。数字信号传送具有稳定性好、可靠性高的优点。根据上述优点，还不能断言数字信号是与杂波无关的信号。数字信号本身与模拟信号相比，确实受外部杂波的影响较小，但是它对被变换成数字信号的模拟信号本身的杂波却无法识别。因此，将模拟信号变换成数字信号所使用的模/数（A/D）变换器是无法辨别图像信号和杂波的。

（2）数字信号需要使用集成电路（IC）和大规模集成电路（LSI），而计算机便于处理数字信号,数字信号适用于数字特技和图像处理。

(3) 数字信号处理电路结构简单。它没有模拟电路里的各种调整,因而电路工作稳定。能够使技术人员从日常的调整工作中解放出来。

1.1.2 数字经济

数字经济即"数字产业化、产业数字化、数字化治理以及数据价值化",它是以数据资源为重要生产要素,以现代信息网络为主要载体,以信息通信技术融合应用、全要素数字化转型为重要推动力,促进公平与效率更加统一的新经济形态。

数字经济的典型特征是IT从传统的信息化升级为数字化转型:一是数据共享交互更加广泛深入;二是利用AI、BI、区块链等技术,将所有数据进行二次利用和分析,产生更有价值的数据。

数字经济发展加速了线下经济向线上经济转移,是全行业数字化转型的深化,亦推动着经济发展由量到质转变。数字经济的爆发式发展也推动了物理世界和数字世界的融合,从而对各行各业产生了深刻的影响:一方面,业务数字化转型正帮助企业升级业务运营模式,提升销售能力,扩展业务边界;另一方面,以数据为生产要素的数字化原生业务发展迅速,线上业务的爆发势不可挡。经济发展进入到以数字化经济为引领,业务数字化和数字化原生业务协同发展的新常态。数字经济所催生出的各种新业态,也将成为我国经济新的重要增长点。

1.2 泛IT人才

1.2.1 泛IT人才特征

泛IT人才具备数字经济前沿技术知识、企业数字化转型实践和工程思维,是泛IT领域所需的应用型、创新型、复合型等高层次多元化工程人才。泛IT人才具有以下几个特征。

(1) 具备坚实的IT专业知识和技术基础,熟悉企业数字化转型所经历的不同场景。

(2) 掌握数字化原生业务的技术,具备工程思维。

(3) 善于利用5G、AI、互联网等纵深技术开展创新性数字化原生业务。

(4)了解国家数字经济的前沿技术潮流和趋势。

泛IT人才能力素质的多元化导致了它很难依靠学校独立培养,必须整合政府、产业、学校形成一个人才培养的协作体,使之在人才培养的过程中,发挥不同的作用,提供各自的优势资源打造符合国家战略性新兴产业急需的泛IT人才。

1.2.2 泛IT人才等级

泛IT人才分为新锐、中坚、精英三个等级,如图1-1所示。

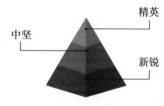

图1-1 泛IT人才等级

1. 新锐

新锐指的是能够胜任泛IT程序员岗位的新员工。这一级别的人才通常是刚刚进入IT行业或者在IT领域工作经验相对较少的人员。他们可能拥有一些基础的IT技能和知识,但还需要进一步的培训和实践来提高自己的能力。新锐等级的人才通常在项目中扮演辅助角色,帮助更有经验的团队成员完成任务,并通过与他人合作来积累经验和技能。

新锐等级的泛IT人才通常具备的特征:首先,他们具备了全面的技术知识。在信息技术领域,技术的更新换代非常快,泛IT人才需要不断学习和更新自己的知识体系,才能跟上行业的发展步伐。其次,泛IT人才具备了跨领域的能力。他们不局限于某一特定领域,而是能够在不同领域中游刃有余,去解决复杂的问题。最后,泛IT人才具备了创新精神。他们能够从不同领域中汲取灵感,提出新颖的想法,并将其应用到实际工作中,推动行业的发展。

2. 中坚

中坚指的是泛IT行业内的架构师、系统分析师、项目经理等高级人才。这一级别的泛IT人才在整个IT领域中扮演着至关重要的角色。他们拥有丰富的工作经验和专业知识,能够独立完成复杂的任务和项目,应对各种常见的问题和挑战。这些中坚等级的人才通常在团队中担任核心职务,负责项目的具体实施和管理,并且能够有效地与客户和合作伙伴进行沟通和协作。

架构师了解各种技术和平台,能够根据项目需求选择合适的技术方案,并且对系统进行全面的规划和设计,其主要负责设计和规划整个系统的架构,确保系统能够稳定、高效运行;系统分析师了解业务流程和系统架构,能够通过分析和建模找出系统的瓶颈和问题,并提出相应的解决方案,其主要负责分析和理解客户的需求,将需求转化为具体的系统功能和设计方案;项目经理通常具备优秀的沟通和协调能力,能够有效地与客户和团队成员进行沟通和协作,确保项目能够高效高质量完成,其主要负责项目的整体规划和管理,包括资源调配、进度控制、风险管理等方面。

3. 精英

精英指的是泛IT行业的技术总监、项目总监、产品总监等领军人物。这一级别的泛IT人才不仅拥有丰富的经验和专业知识,而且能够应对各种复杂的技术问题和挑战。他们通常是团队中的领导者或者专家,能够为团队成员提供指导和支持,并在项目中作出重要的决策和执行工作。精英等级的人才还可能参与一些高级的研发和创新工作,推动整个行业的发展和进步。

泛IT行业的技术总监需要对行业的最新趋势和技术进行深入了解,以便为公司提供最佳的技术解决方案,其主要负责制定技术发展战略,确保公司的技术方向与业务目标保持一致;项目总监通常具备优秀的组织和协调能力,能够有效地管理项目团队,协调各个部门之间的合作,其主要负责项目的规划、执行和监督,确保项目按时、按质、按量完成;产品总监对市场有深入的研究,了解客户的需求和竞争对手的动态,为公司的产品提供有力的竞争优势,其主要负责产品的规划、设计和推广,确保公司的产品能够满足市场的需求,并取得良好的市场反响。

1.2.3 泛IT人才能力素质模型

从小白到新锐,再到中坚、精英的过程中,不同等级的泛IT人才所具备的能力素质各不相同,如表1-1所示。泛IT人才的培养主要从专业知识、技术能力、工程思维以及从业经验这四个维度进行衡量,能力素质模型如图1-2所示。其中,工程思维是泛IT人才培养的重中之重。

表1-1 泛IT人才能力素质

维度	新锐	中坚	精英
专业知识	★★☆☆☆	★★★☆☆	★★★★★
技术能力	★★☆☆☆	★★★☆☆	★★★★★
工程思维	★☆☆☆☆	★★☆☆☆	★★★★☆
从业经验	★☆☆☆☆	★★☆☆☆	★★★★☆

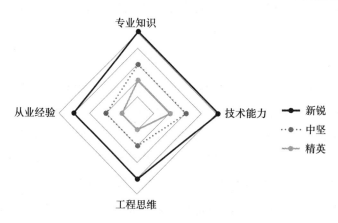

图1-2 泛IT人才能力素质模型

1. 专业知识

专业知识是指一定范围内相对稳定的系统化知识。泛IT人才是指在信息技术领域具备广泛专业知识和技能的人才。他们不仅熟悉软件开发、网络管理和数据库设计等核心技术，还具备跨学科的能力，能够应对不同领域的技术需求和挑战。

首先，泛IT人才需要具备扎实的计算机科学基础。他们应熟悉编程语言、数据结构和算法等核心概念，并能够将这些概念应用于实际的软件开发过程中。此外，他们还需要了解计算机网络和操作系统的原理，以便在网络管理和系统维护方面发挥作用。其次，泛IT人才需要具备数据库设计和管理的能力。数据库是信息系统的核心组成部分，因此他们应该了解关系数据库的设计原则和范式，并能够使用SQL等查询语言进行数据操作和管理。此外，他们还应具备数据挖掘和大数据分析的技能，以便从海量的数据中提取有价值的信息。最后，泛IT人才还需要具备项目管理和团队协作的能力。在现代企业中，IT项目往往是跨部门和跨团队协作的，因此他们需要具备良好的沟通和协调能力，能够与不同背景和专业的团队成员进行有效的合作。同时，他们还应了解项目管理的基本原则和方法，以确保项目按时、按质、按量完成。

2. 技术能力

技术能力是指掌握与运用某一专业领域内的知识、技术和方法的能力。IT人才技术能力提升通过授课、实训、集训对程序编写、软件调试与测试、软件开发与维护等能力进行训练提升。如通过Java软件开发、Web前端等开发项目进行测评，对IT人员的系统分析、软硬件设计、项目管理、程序编写、软件调试与测试、软件开发与维护等能力进行测试及评价。

首先，泛IT人才需具备良好的编程技能，能够熟练运用多种编程语言，并能根据需求设计出高效且可靠的软件解决方案。其次，他们了解并掌握各种操作系统和数据库管理系统，能够搭建和维护稳定的服务器架构与网络环境。再次，泛IT人才还具备数据分析与处理的能力，能够运用统计学和机器学习算法解决实际问题，并能从庞大的数据集中提取有价值的信息。他们熟悉安全防护技术，能够预防和应对网络攻击与数据泄露事件。最后，泛IT人才拥有良好的沟通与团队合作能力，能够与不同背景的人合作，协同完成复杂的项目。

3. 工程思维

工程思维是一种重要的思维方式，对于泛IT人才来说尤为关键。泛IT人才需要具备跨学科的知识和技能，能够在不同领域中运用工程思维解决问题。

首先，工程思维强调系统性思考和综合性解决方案的设计，注重整体的观察和分析。工程思维使泛IT人才不仅仅关注技术的细节，更注重整个系统的运作和相互关系。工程思维将复杂的问题拆解为更小的模块，并通过系统性的分析来解决。其次，工程思维还培养了泛IT人才的创新能力。他们能够在解决问题的过程中提出新的想法和方法。工程思维教会他们如何从不同的角度思考问题，挖掘潜在的解决方案，甚至是创造性地提出新的解决方案。最后，工程思维也强调实践和试验。泛IT人才通过实际操作和试验来验证他们的解决方案，进行不断的改进和优化。他们注重数据收集与反馈分析，以深入了解系统运作及效果。

在测评泛IT人才的工程思维时，需要从多个维度进行测评，主要包括本质思维、相对思维、抽象思维、系统思维和演化思维。衡量工程思维有三个维度：能从A到B；能描述怎样从A到B；下次能更快更好地从A到B。

对工程思维的思考：不同等级的泛IT人才在工程思维方面存在明显的差

异。精英等级人才的工程思维相比于新锐等级和中坚等级更加突出,表现出更高的思维水平和能力。

从工程本体论的角度来看,工程活动具有独特的思维结构、内容、特征、运行机制和要求。

工程思维的特征包括:筹划性思维,即在进行工程活动之前需要制订详细的计划和策略;规则性思维,即遵循一定的规则和标准进行工程设计和实施;科学性与艺术性兼容的思维,即工程活动既需要科学的理论和方法支持,又需要艺术的创造力和创新能力;综合集成性思维,即将各个子系统或模块整合为一个完整的工程系统;构建性思维,即通过设计和建设来创造新的技术和产品;权衡性思维,即在资源有限的情况下,需要在不同的需求和限制之间做出权衡;殊相性思维,即通过对不同因素和变量进行综合考虑来解决问题;价值性思维,即在工程活动中追求经济效益、社会效益和环境效益的统一;过程性思维,即将工程活动看作是一个连续的过程,在每个阶段都需要进行相应的思考和决策;逻辑思维与非逻辑思维相统一的思维,即需要运用逻辑思维解决问题,同时也需要发散思维和创造性思维;复杂性思维,即能够理解和处理复杂的工程问题。

工程思维的基本要求包括:合规律性,即遵循相应的规律和原则进行工程设计和实施;合目的性,即工程活动需要明确的目标和目的;社会性要求,即工程活动需要考虑社会的需求和影响;人性化要求,即工程产品和系统需要符合人类的需求和习惯;审美性要求,即工程产品和系统需要具有良好的外观和用户体验;最优化要求,即在资源有限的情况下,追求最优的设计和实施方案;协同化要求,即工程活动需要不同专业和团队之间的协同合作。

科学思维、技术思维、工程思维这三种思维在针对不同思维客体时的区别如表1-2所示。

表1-2 科学思维、技术思维、工程思维的区别

区别 (对象)	科学思维 (客观规律)	技术思维 (方法手段与工具)	工程思维 (虚拟的而非实际存在的)
与思维对象之间的关系	反映与被反映; 发现和被发现	改善、革新	建构与被建构

续表

区别 (对象)	科学思维 (客观规律)	技术思维 (方法手段与工具)	工程思维 (虚拟的而非实际存在的)
思维成果	科学理论、科学定律和科学规律	发明专利、技术诀窍等	设计图纸、规划蓝图、操作方案、实施路径等
思维主体	科学家;科学家群体	发明家;技术共同体	工程师;工程共同体,包括决策者、投资者、管理者、设计者和建造者
社会相关的涉及面	"排我"。 强调主观与客观相符合	"有我"。 强调客观手段和方法迎合主观需要	"为我"。 从主体的目的性出发,为主体所用
思维目标与动力	不确定性。 产生于人们的好奇心、求知欲等精神动力	相对确定。 求新、求巧、求精的工具理性驱动下所产生的发明创造活动	目的明确、具体。 以解决具体问题为目标
思维路径与空间	不受限制,自由想象	遵循技术规则和要求	缜密,必须有一个前提条件
逻辑结构与逻辑特点	包含理论逻辑 解决怎么看和怎么样的问题	包含实践逻辑,工具主义 解决怎么做、如何做,这种操作化的问题	包含理论逻辑、实践逻辑以及非逻辑的科学思维方法 解决应当如何做的问题,能为工程实践提供更好的解决方案
思维维度评价标准	以真理作为准绳	以实用为核心	多元、多维
思维目的与趋向	培养人的客观性、求真性、严谨性	培养人的创新性、有效性、精准性、灵巧性	追求卓越。培养人的结构性、建构性、筹划性、创造性、艺术性等

工程思维是一种广泛地存在于各种类型工程活动中的特定思维方式,它与科学思维、技术思维既相互联系、相互渗透,又相互区别,不可混淆和替代。

工程的四个要素主要是理念、要素、设计与结构。任何一个工程都必须建立在这四个基本要素的基础上,而理念是整个工程的核心与灵魂,是工程活动展开的前提,是关于工程计划方案运行管理基本思想的概括。工程活动起于思考,成于物品。因此,工程思维就是在理念的指导之下,根据一定的功能和要求巧妙构思,设计结构体系,选择组合优化,结合自然要素、技术要素、人文要素、社会要素、环境要素等各种功能要素,使它们彼此关联、相互耦合,成为一个结构化、功能化、效率化的复杂系统,体现出工程理念,承载着设计意图并具有一定功能结构关系的一个人工系统。

4. 从业经验

从业经验是指泛IT人才拥有足够的专业技能,并具有一定的工程思维后,进入IT行业某一领域或多领域(例如:金融、教育、智能制造MES等)工作,掌握该领域的综合知识体系,并将专业技能、工程思维应用于系统开发和项目管理。

泛IT人才具备多领域的技术知识,包括但不限于网络安全、数据分析、软件开发和云计算等。他们不仅能够熟练掌握各种编程语言和开发工具,还能够理解和解决在IT项目中出现的各种技术问题,并提供创新的解决方案。泛IT人才还在工作中展现出了卓越的团队合作和沟通能力。他们通常与不同背景和专业知识的团队成员合作,能够有效地协调各个环节,确保项目顺利进行。此外,泛IT人才还具备强大的问题解决能力和分析能力。他们能够细致入微地分析和解决复杂的技术问题,找出潜在风险,提出高效的解决方案并采取相应预防措施,为企业提供持续的竞争优势。

以上四个维度和CDIO能力大纲的对照关系如表1-3所示。

表1-3 泛IT人才能力素质与CDIO能力大纲的对照关系

泛IT人才 能力素质	对应CDIO能力大纲	备注
专业知识	1　技术知识和推理能力 1.1　基础科学知识 1.2　核心工程基础知识 1.3　高级工程基础知识 3　人际交往技能:团队协作和交流 3.1　团队精神 3.2　交流 3.3　外语交流	人际交往技能的培养融入到一体化课程计划之中

续表

泛IT人才能力素质	对应CDIO能力大纲	备注
工程思维	2　个人职业技能和职业道德 2.1　工程推理和解决问题 2.2　实验中探寻知识 2.3　系统思维 2.4　个人技能和态度 2.5　职业技能和道德	工程思维的培养融入到一体化课程计划之中，在理论课程教学和众多实践环节中逐步培养
技术能力、从业经验	4　在企业和社会环境下构思、设计、实施、运行系统 4.1　外部和社会背景环境 4.2　企业及商业环境 4.3　构思与工程系统 4.4　设计 4.5　实施 4.6　运行	1. 技术能力和行业经验是通过工程项目的研发过程一体化培养和积累的 2. 泛IT人才能力素质模型中的"从业经验"还包括行业业务知识和技术应用场景知识，这也是在项目研发过程中逐步积累的

需要特别说明的是，泛IT人才能力素质模型划分为这四个维度，是符合我国IT行业的日常语言习惯的，但是对这四个维度的培养和评价，须严格遵循CDIO能力大纲。

1.2.4　泛IT人才提升体系

泛IT人才提升是一个综合性的过程，其包括教育、实训、集训、实习、评价等多个环节，经过系统学习和实践锻炼的泛IT人才，可以掌握扎实的技术基础和行业知识，能够具备良好的综合素质和就业竞争力。泛IT人才提升体系如图1-3所示。

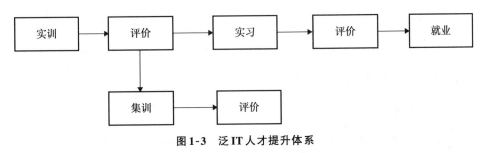

图1-3　泛IT人才提升体系

1.2.5 泛IT人才培养过程

泛IT人才工程的教学主张是：以能力提升为主线，不断优化教学过程，以评价为核心手段，实现教学的过程控制。

泛IT人才培养的教学链条是：知识传授（授课）、技能培训（实训）、强化集训、企业见习、实战实习、就业指导与就业服务、持续评价与反馈、参与竞赛与项目实践。

泛IT人才工程的教学评价方式有四种：考试（检验理论知识掌握程度）、技能测评（评估实践能力）、项目答辩（考查综合能力及创新思维）、项目实战（评价验证实际应用效果）。

竞赛是评价体系的提升与补充，通过参与竞赛可以进一步检验并提升泛IT人才的综合能力和创新水平。泛IT人才工程的能力提升阶段以及场景如表1-4所示。

表1-4 泛IT人才工程的能力提升阶段以及场景

教学类型	教学场景					
	学校主体下常规教学		学校企业双主体下拓展教学		企业主体下工作	
	授课（常规教学）	实训（常规教学）	集训（学校主导）	见习（企业主导）	实习（实习合同）	就业（劳动合同）
IT应用型本科培育	大一 大二 大三	大一 大二 大三	大一 大二	大三	大四上	大四下
IT应用型专科培育	大一 大二	大一 大二	大一	大二	大三上	大三下
社会实训	2个月	2个月	3个月	3个月	3~6个月	社会实训1年后

1.2.6 泛IT人才工程培养

1. 培养路径

授课：按照教学大纲要求，对学生进行常规授课的过程。其中包含常规的听课、做练习、上机操作和考试,其目的是完成专业课程知识的学、练、测。

实训:属于正常教学的一部分,按照人才培养规律与目标,对学生进行职业技术应用能力训练的教学过程。主要针对教学中,对实操方面的弥补,以实际模块案例和教学项目为主,提升学生动手能力,让学生能够将学习的理论及技术知识,转化成实际应用的工作能力。使得学生在竞赛、企业见习等重大活动中完成任务并获取优异成绩。

2. 培养链条

技术能力、工程思维和项目经验的培养贯穿整个人才培养过程,以评价(考试、测评、答辩、实战)为核心手段的全程质量保证体系。泛IT人才培养链条如图1-4所示。

图1-4 泛IT人才培养链条

1.3 泛IT教育(应用型教育,采用工程教育方法)

泛IT教育是一种广泛的信息技术教育,旨在培养学生的信息技术素养和创新能力,使他们具备适应快速发展的数字化社会的能力。泛IT教育的目标不仅仅是让学生掌握使用计算机和技术工具的基本技能,还包括培养学生的计算思维、解决问题能力、合作与沟通能力以及创新和创造力。

1.3.1 高等工程教育与高等理科教育、高等职业教育的异同

1. 高等工程教育与高等理科教育的异同

高等工程教育与高等理科教育,它们都同时培养科学思维、技术思维和工程思维。不同的是高等理科教育主要培养理科科学家,高等工程教育主要培养工程师;高等工程教育侧重工程思维的培养兼顾技术思维的培养,不强调科学思维的培养,而高等理科教育侧重科学思维的培养兼顾技术思维的培养,不偏重工程思维的培养。

从高等工程教育与高等理科教育的对比中,可以明显看出是否培养工程思

维成为两者之间的核心区别。从工程本体论来看,工程活动有其独特的思维结构、内容、特征、运行机制与要求。

工程思维广泛存在于各类工程活动中,它与科学思维和技术思维既相互联系又相互区别,不可混淆。工程的四个基本要素——理念、要素、设计与结构,共同构成了工程的基石。其中,理念是工程的核心和灵魂,为工程活动提供了基本的思想和指导,工程活动始于思考,终于物品的实现。因此,工程思维在理念的指导下,根据功能和要求进行构思、设计结构体系,优化并组合自然要素、技术要素、人文要素、社会要素、环境要素等各种功能要素,形成一个结构化、功能化、效率化的复杂系统,建构出承载着设计意图并具有特定功能结构的人工系统。

2. 高等工程教育与高等职业教育的异同

由于高等工程教育与高等职业教育经常被人混淆,特此阐述说明两者之间的主要异同点。

1) 高等工程教育与高等职业教育的不同点

(1) 教学目标不同。

作为新兴的工业制造大国,我国高等工程教育培养的是具备技术应用和开发能力的高素质应用型科技人才,其培养目标除了需具有理科的"博通、专精与创新"能力之外,还要具有发明创造的工程实践能力,也就是说,高等工程教育目标之一是使大学生将专业知识作为学习载体,从中获得科学的研究方法、领略研究过程和培养实践创新能力。

我国高等职业教育的人才培养目标是实用型高(端)技能专门人才,工作内涵是将成熟的技术和管理规范转变为现实的生产和服务,毕业后的工作场合和岗位是基层第一线。高等职业教育理论课程的学习要求是实用、够用和能用,不要求深入探究,教学重点是通过在校实训和生产环节的实习,强化技能训练,培养其实际动手操作能力。

(2) 教育对象不同。

教育类型的选择,取决于学生的内禀特性(包括智力水平和思维特征)和兴趣特长。我国高等工程教育的教育对象来源于普通高中,高等职业教育的教育对象是广大适龄青年,包括普通高中、职业高中和中等职业技术学校的毕业生。

(3) 专业实践环节不同。

高等工程教育注重强化基础,强调加强学科基础性和经典性的理论知识,提升学生的基础理论素养,为其后续发展夯实专业基础,它的专业实践是"理论联系实际"的实践研修,而高等职业教育的专业实践是进入生产一线的技能锻炼。

(4) 隶属学科不同。

技术的进步使工作任务、技术含量增加,技术人才队伍层次化,包括技术工人、技术员、科研人员、工程师和高级工程师。技术人才培养分为中等职业教育、高等职业技术教育和高等工程教育,其中高等职业技术教育旨在培养具备实际操作能力和基本技能的高级技术应用型人才,将规划与研究成果转化为实际产品。而高等工程教育培养的工程师主要从事规划、决策、设计等相关工作。因此,高等工程教育属于工程学科,而高等职业技术教育属于技术学科。

2) 高等工程教育与高等职业教育的相同点

高等工程教育与高等职业教育在教学过程、教学方式、培养模式和教师队伍建设等方面都存在相同之处。

(1) 教学过程都注重教学情境化。

情境教学是指在教学过程中按照真实或仿真的情形,遵循教育本质规律和人才培养要求,通过创设和营造具有真实学习情境和浓厚学习氛围的物理环境,使学生亲身经历实践活动,从而提高学生的学习自主性,培养学生创新精神,增强学习效率和学习能力的一种教学。情境教学具有真实性、开放性、深刻性、持久性等特点,强调教学活动的全程性、真实性、整体性,强调物化的或仿真的'境'对学生学习动机的激励,通过物理场与心理场的自激而产生谐振,形成自觉学习的态势,是心理场与物理场的融合,具有更多行动导向的特征。

高等工程教育的教学过程着重在于创建"实习场",在这个"实习场"中,学生遇到的问题和进行的实践与今后在校外所遇到的问题是一致的,以此为工程科学理论教学和工程实践训练(教学)提供具有工程特色的教学环境,使学生能够在接近真实应用情境的工程环境中学习理论知识和工程技能。高等工程教育"学习场"创设的真正意义在于使学生与完整的工程经验、学术经验进行融合,使学习者在真实情境中认识到知识的实践效用,利用知识去理解、分析和解决真实世界中的问题,从而激发学习者创造性解决问题的欲望,增加隐含于学习者自身的缄默知识。

高等职业教育在教学实施中极为关注"工作情境",努力重构工作世界与职业教育的关系,实现工作场所学习与职业教育教学过程的完整性。职业教育"工作情境"的创设关键在于营造一个接近真实的工作环境,亦在于营造一个接近真实的工作环境,使学生获得的显性知识与缄默知识,以及所从事的实践活动经验能够在未来职场中得以灵活运用。高等职业教育工作情境所创设的工作场所,能够最大限度地将理论知识转化为经验形态的知识,同时也有效避免了职业学习的价值发生"异化"。

由此可见,情境化教学是高等工程教育和高等职业教育目标实现的有效途径,究其根本,这是由两种教育类型的本质特征决定的。

(2) 教学方式都注重实践性。

首先,高等工程教育的属性决定其需要注重实践性。高等工程教育是培养具备复合型知识背景和在工程创新实践中能够整合各种知识与能力的工程人才的一种教育类型,其服务主体是社会。这一社会属性决定其必须具备实践性的特质。其次,高等工程教育的学科性质决定了实践性是其目标达成的重要选择。高等工程教育是工程学科的重要组成部分,工程学科的许多知识和技能必须在动手操作、亲自实践的过程中才能掌握,学习者解决问题的能力、运用现有资源实现既定目标的能力、创造性地运用各种学科知识的能力也只能在反复实践训练中获得。最后,加强实验环节和工程技术训练的综合性,对提高学生分析与综合能力以及良好素质的养成是非常重要的。这些都证明工程教育的核心是实践能力训练,教学内容注重实践性自然是工程教育的题中之义。

工程教育强调让学生懂得做什么、怎么做和怎样做得更好的问题,更加强调面向工程一线的技术应用能力。这一点与高等职业教育不谋而合。高等职业教育同样侧重于学生实践能力和应用能力的培养,注重教学内容的实践性。从职业教育的培养目标看,职业教育培养的是为生产、建设、管理等一线工作岗位服务的高素质高技术高技能型实用人才,强调学生对所学相关技术技能的动手应用能力。其根本是要凸显职业教育的"实用""实训""应用"等特点,并通过建立实训基地,加大实践教学力度,培养学生的实践能力。高等职业教育把培养学生的技术应用能力、动手能力作为教学中心环节。尤其是当前,高等职业教育提倡的校企合作、工学结合等实践教学模式已成为高等职业教育教学的重要路径,教学过程注重实践性已成为高等职业教育培养应用型技术人才的关键。

实践性体现了高等工程教育和高等职业教育的本质特征,因此,二者在教学方式上具有同质性。

(3) 培养模式都注重校企合作、"产、学、研"结合。

学校和企业是两个不同性质、不同运营方式的主体,"校"服务的对象主要是"人",侧重于人才培养和知识创新,"企"生产的对象大多是"产品",更关注经济效益或社会效益的获得。校企合作是充分实现资源的最优化配置,产生最大的社会效益和经济效益。从知识衍生角度看,"产、学、研"是不同的知识运用形式,"产"是应用知识和技能,"学"是传授知识与技能,"研"是创新知识、革新技能。"产、学、研"结合实现知识技能的系统化和整体性,能够更好地服务于区域发展,创造更多价值和高质量产品,提供更全面、更高质量的服务。

与其他教育结构或类型相比,高等工程教育和高等职业教育直接面向生产一线和工程实践,更需要以校企合作、"产、学、研"结合的培养模式来实现技术技能型人才和工程建设等应用型人才的培养。高等工程教育和高等职业教育选择校企合作、"产、学、研"结合这一人才培养模式有其合理性和必然性。一方面,高等工程教育和高等职业教育都与国家产业发展结构息息相关,产业发展结构是影响两种教育发展的重要因素。另一方面,校企合作、"产、学、研"合作是高等工程教育和高等职业教育发展的重要途径,也是一种重要特征。对高等工程院校和高等职业院校而言,校企合作可以充分利用学校的教学资源和人力资源,也可有效利用企业的先进设备和财力、人力等,以保障所培养的人才能够与市场需求无缝对接。"产、学、研"合作可以将基础研究与应用研究、发展研究结合起来,把企业新成果、新技术和新工艺引入学校,不仅保证了学校教育内容的前瞻性,同时也为高校科研进一步发展提供了方向;对产业界而言,通过"产、学、研"合作可以为企业的生存和发展提供技术支持,不但可以为企业带来利润,还可以提升企业竞争力。

(4) 教师队伍建设都注重培养"双师型"教师。

"双师型"教师是指既具有一定专业理论知识,熟悉高等教育规律,能传授理论知识,又对工程实践有足够的了解和经历,具备较强动手能力,能指导具体的实践教学,或既有教师资格,又有职业资格的教师。这一类型教师的培养和来源,可以通过将教师派到企业挂职锻炼和从企业或行业招聘具有一定实践经验的企业人士等来实现。此外,还可以通过聘请来自企业的能工巧匠、专业技术人员到学校担任兼职教师,这也是弥补高校教师专业实践能力不足的有效方法。

"双师型"教师不仅是高等职业教育发展的关键,也是高等工程教育发展的关键,高等工程教育师资队伍的培养与高等职业教育具有同样的价值取向。

3) 高等工程教育与高等职业教育同源共存

从工程学科的起源来看,工程学科的前身就是技术学科。在工程项目相对简单的条件下,工程大部分是技术的集成,工程领域中产生的问题也大部分是技术问题,其工程教育在培养工程师的过程中大部分借助技术学科的知识和方法。随着现代工程项目向大型化、复杂化发展,工程领域需要解决的问题除技术问题外,还包括环境问题、社会问题、管理问题、成本和效益问题,这才导致工程学科与技术学科的分离。虽然工程学科与技术学科出现分离,但任何技术都不能游离于作为过程的工程实践,任何工程都不能摆脱作为活动手段的技术。没有不依托于工程的技术,也没有不运用技术的工程。技术是工程的支撑,工程是技术的载体。由此可见,技术与工程间关系密切,人们通常把技术与工程这两个词联结在一起,称之为"工程技术"。

1.3.2 应用型大学和研究型大学的区别

1. 教学方向不同。

应用型高校更注重应用技能的培养,课程设置以应用型、技能型为主。研究型高校更注重理论研究,课程以理论性、学术性为主,高职院校和中职学校注重技能培养。各类教育的教学方向如表1-5所示,人才能力模型如图1-5所示。

表1-5 各类教育的教学方向

高校	思维		
	科学思维	技术思维	工程思维
研究型高校	★★★★★	★★★☆☆	★☆☆☆☆
应用型高校	★★☆☆☆	★★★★★	★★★★★
高职院校	★☆☆☆☆	★★★★★	★★★★★
中职学校	★☆☆☆☆	★★★☆☆	★★★★★

2. 科研方向不同

应用型大学的科研侧重应用研究,解决实际问题。研究型大学的科研注重基础研究和原始创新。

3. 师资结构不同

应用型大学的教师以实践经验为主,研究型大学的教师以学术科研为主。

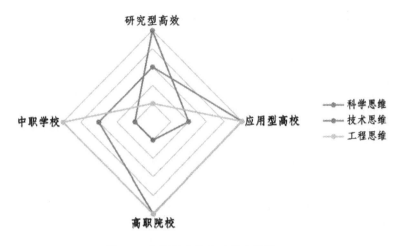

图 1-5　各类教育的人才能力模型

4. 学生结构不同

应用型大学以培养实用技术应用型人才为主。研究型大学则以培养学术研究型人才为主。

5. 评价体系不同

应用型大学评价侧重教学质量和社会服务能力。研究型大学评价侧重科研成果和学术贡献。

6. 发展定位不同

应用型大学以服务定位,服务地方经济发展。研究型大学以研究定位,致力于学科前沿研究。

总体来说,应用型大学侧重应用,研究型大学侧重研究。两者在人才培养、科研方向、教师结构等方面有较大不同。泛IT教育主要是应用型教育,采用的教学方式主要是工程教育。

1.4　泛IT产业

泛IT产业是指业务数字化转型和与数字化原生业务相关的技术及其应用,其中包括计算机硬件、软件、信息化技术在各行业、各领域的广泛应用,以及实现企业智能化变革所需要的技术、服务与解决方案,还包括通过对数据的生产、加工、销售、运维,以及实现企业获利业务的新形态和新技术。在泛IT产业中,IT业也催生了众多的新兴业态和商业模式,如电子商务、共享经济、在线教育等。IT技术被广泛应用于各个行业,如金融、医疗、教育、制造业等,推动了这些行业的数字化和智能化进程。以下是泛IT产业的一些主要方向。

硬件制造:包括计算机、服务器、存储设备、网络设备、移动设备等硬件的设计、制造和销售。

软件开发与服务:涵盖各种软件的开发、定制、测试和维护,包括应用软件、系统软件、嵌入式软件等。

云计算与大数据:提供云计算平台、基础设施和服务,以及大数据分析和处理的解决方案。

人工智能与机器学习:包括开发和应用人工智能算法、机器学习模型和智能系统等,以解决各种问题和提供智能化服务。

信息安全与网络安全:提供网络和数据安全的解决方案,包括网络安全软件、防火墙、入侵检测系统等。

电子商务与数字支付:包括电子商务平台、在线支付系统和数字货币等电子商务,以及金融技术的发展与应用。

通信与网络服务:为电信运营商、互联网服务提供商、移动通信服务商等提供通信和网络基础设施和服务。

数字媒体与娱乐:包括数字内容制作、数字广告、游戏开发和虚拟现实等数字媒体和娱乐产业。

第 2 章

什么是"泛 IT 工程"

泛 IT 工程是指涵盖广泛的信息技术领域的工程。在当今数字化时代，IT 技术的应用已经渗透到几乎所有行业和领域，因此泛 IT 工程的需求也日益增长。泛 IT 工程项目范围非常广泛，包括但不限于软件开发、网络架构、数据库管理、系统集成、数据分析等等。这些项目需要专业的 IT 团队，他们具备深厚的技术知识和丰富的实践经验，能够根据客户需求，设计和实施最优的解决方案。

泛 IT 工程的特点之一是多样性。不同行业和领域的企业对于 IT 的需求各不相同，因此，泛 IT 工程需要适应各种不同的情况和要求。无论是金融、医疗、教育、制造业还是服务业，都需要定制化的 IT 解决方案来支持其业务运营。

泛 IT 工程的另一个重要特点是快速变化。科技进步和市场竞争使得 IT 技术发展日新月异，泛 IT 工程需要及时跟上这些变化，才能在激烈的市场竞争中立于不败之地。

泛 IT 工程的成功离不开团队协作和项目管理。一个优秀的泛 IT 工程团队需要有各种技术专家，如软件工程师、网络工程师、数据库专家等，他们各自承担着不同的角色和责任，共同协作完成项目。同时，项目管理也是至关重要的，通过有效的计划、组织和控制，确保项目按时、按质、按量完成。

泛 IT 工程是一个充满挑战但又充满机遇的领域。随着技术不断发展和应用不断扩展，泛 IT 工程必将成为未来企业发展的重要支撑。对于 IT 专业人士来说，不断学习和适应变化是必要的，只有保持敏锐的洞察力和创新能力，才能在泛 IT 工程的竞争中脱颖而出。

2.1 工程相关概念

2.1.1 科学

从最广泛的意义上讲,科学是指导人与外部事物之间打交道的理论知识,是系统化、理论化的关于事物本质及其运动规律的知识,是形成理论体系的自然知识、社会知识和思维知识的总称,是反映自然、社会、思维等领域客观规律的分科知识体系。科学通过观察、实验、仿真和分析去研究各种事物和现象并探求其原理,目的是认识世界。

2.1.2 技术

技术泛指根据生产实践经验和自然科学原理而发展成的各种工艺操作方法与技能。它涵盖人类生产力发展水平的标志性事物,是生存和生产之工具、设施、装备、语言、数字数据、信息记录等方面的总和。

技术是解决各种问题的手段、形式、方法及过程的集成,在现有事物基础上产生新事物,或者改变现有事物的性能和功用,目的是为人类社会服务。有一种观点认为,科学和技术是辩证统一的。两者是不同的概念,但是又存在紧密的联系。科学与技术总是共同存在于一个特定的范围内,这是因为两者之间有着不可分割的联系。也有另一个观点认为,科学和技术是两个独立的平行系统,在人类史上,很多重大的技术成就并不是以科学为基础。然而,两种观点都承认科学和技术两者同样重要。

如今我们耳熟能详的不是科学对人类的影响,而是纳米技术、信息技术等对人类生活的影响。在现代社会,技术是已经物化了的科学。

2.1.3 工程

在现代社会中,"工程"一词有狭义和广义之分。就狭义而言,工程定义为以某一设想的目标为依据,运用有关的科学知识和技术手段,通过一群人有组织活动将某个(或某些)现有实体(自然的或人造的)转化为具有预期使用价值的人造产品的过程。就广义而言,工程则定义为由一群人为达到某种目的,在一个较长时间周期内进行协作活动的过程。

2.1.4 工程技术

工程技术指的是工程实用技术,也称生产技术,是在工业生产中实际应用的技术,是人们运用科学知识或利用技术发展的研究成果用于工业生产过程,以达到改造自然的预定目的的手段和方法。在学科分类上,人们常常称工程技术学科为工科,而称科学技术学科为理科。

2.1.5 工程学

工程学研究自然科学应用在各行业中的应用方式、方法的一门学科,同时也研究工程的一般规律,并进行改良研究。实践工程学的人叫作工程师。

工程学也是一门艺术,不是追求发现唯一真理的科学。单个工程问题可以有多种解决方案,而工程的这种灵活性为创新和创造提供了巨大的机会。

2.2 泛IT工程

2.2.1 能不能脱离产业谈教育

在当今社会,教育与产业紧密相连,相互依存。教育致力于培养人才,为产业发展提供坚实支撑;而产业则创造财富,为教育提供丰富的就业机会和实践平台。在教育领域,应该注重培养学生的实际能力和创新精神,使他们能够更好地适应产业发展需求。同时,产业界也应该注重对员工的培训和教育,提高他们的专业素养和创新能力,从而推动产业发展。因此,不能脱离产业谈教育,教育和产业是相辅相成的,两者之间的联系是紧密的。

随着科技飞速发展,IT工程产业已经成为当今社会中不可或缺的一部分。然而,随着人们对教育的需求不断增加,人们开始思考教育是否能够脱离IT工程产业,独立存在并发展。本节将从多个角度探讨这一问题。

首先,我们需要认识到IT工程产业对教育的影响。随着信息技术快速发展,教育方式也发生了翻天覆地的变化。现在,学生们可以通过互联网获取丰富的教育资源,老师们可以利用各种软件和平台进行教学,IT工程产业为教育带来更多的可能性和便利性。然而,正是因为IT工程产业的发展,教育也面临着新挑战。比如,随着人工智能的发展,教育是否会被取代？IT工程产业的发展是否会导致教育质量下降？这些问题都需要我们认真思考。

其次，我们需要思考教育是否能够独立于IT工程产业而存在。教育是人类社会发展的基石，它与人类的生存和发展息息相关，即使没有现代信息技术，教育也会存在和发展。因此，从理论上讲，教育是可以独立于IT工程产业而存在的。然而，现实情况却是教育和IT工程产业相互依存、相互促进。教育需要IT工程产业来提供技术支持，而IT工程产业也需要教育来培养人才。因此，要想脱离IT工程产业谈教育，可能性并不大。

最后，我们需要思考的是如何更好地将IT工程产业与教育结合起来。我们应该充分利用信息技术，改进教育方式，提高教育质量。同时，我们也应该重视教育本身的发展，培养更多的人才，推动教育的进步。

综上所述，教育是否能够脱离IT工程产业，是一个复杂而又深刻的问题。一方面，我们需认识到教育与IT工程产业之间的紧密联系，以及教育在培养适应产业发展需求的人才方面的重要作用。另一方面，也需要关注教育自身的独立性和多元化发展，探讨如何在保持与产业紧密结合的同时，实现教育的全面发展和创新。教育需要充分利用信息技术，改进教育方式并提高教育质量，只有这样，我们才能更好地适应社会的发展，推动教育的进步。

2.2.2 能不能脱离教育谈产业

教育和产业是两个不可分割的领域，它们之间存在着密切的关系。教育是培养人才的重要途径，而产业则是经济发展的重要支撑。因此，教育和产业之间的联系是紧密的、不可分割的。然而，随着社会的发展和变革，一些人开始质疑教育和产业之间的关系，认为教育应该脱离产业来谈论。他们认为，教育应该以培养学生的综合素质和能力为目标，而不是为了适应产业的需要而进行教育。然而，从长远发展的角度来看，教育和产业是相辅相成的。教育为产业提供了源源不断的人才支持，而产业则为教育提供了实践和就业的平台。因此，不能脱离教育谈产业，也不能脱离产业谈教育，只有将教育和产业紧密结合起来，才能实现经济和社会的可持续发展。

随着信息技术的不断发展和普及，IT工程产业已经成为现代社会的支柱之一，IT工程产业是当今世界上最具活力和发展潜力的产业之一，对整个经济和社会的发展起着至关重要的作用。然而，要想谈论IT工程产业，就不得不谈及教育。教育是培养IT工程人才的摇篮，是推动IT工程产业发展的重要力量。

因此,我们不能脱离教育谈论IT工程产业。

首先,教育是培养IT工程人才的重要途径。IT工程产业需要大量高素质人才来支撑其持续发展。而这些人才的培养离不开教育的支持。从小学到大学,甚至到研究生阶段,教育都在为IT工程产业输送人才。在学校里,学生们接受的不仅仅是知识,更重要的是培养了他们的逻辑思维能力、创新能力和解决问题的能力,这些都是IT工程人才所需要的素质。因此,教育对于培养IT工程人才是至关重要的。

其次,教育是推动IT工程产业发展的重要力量。教育不仅仅是培养人才,更重要的是为IT工程产业发展提供新的思想和技术支持。在教育领域,不断涌现出各种新的理论和技术,这些都为IT工程产业的发展提供了新的动力。同时,教育也为IT工程产业提供了广阔市场。随着教育水平不断提高,人们对信息技术的需求也越来越大,这为IT工程产业发展提供了广阔的市场空间。

最后,教育也是IT工程产业发展中的重要支持。IT工程产业发展需要不断创新和技术支持,而这些都需要有一支强大的科研队伍来支撑。同时,这支科研队伍的培养也需要教育的支持。在学校里,教师们不仅仅是传授知识,更重要的是在科研领域不断推动新理论和技术的发展。而且,学校也为科研提供了重要的资源和平台。这些,都为IT工程产业发展提供了重要的支持。

综上所述,教育是IT工程产业发展中不可或缺的重要因素。教育不仅仅是培养IT工程人才的重要途径,更重要的是推动了IT工程产业发展,并为其提供了重要的支持。因此,我们不能脱离教育谈论IT工程产业。只有充分认识到教育在IT工程产业发展中的重要作用,才能更好地推动IT工程产业发展,实现经济的可持续发展。

2.2.3 教育与产业之间的联系

教育和产业之间存在着密切联系,它们之间相互影响、相互依赖,两者之间的关系主要体现在以下四个方面。

一是人才培养。教育是产业所需人才的主要供给源。高校和职业教育机构通过系统的课程设置和实践教学,为产业界输送各种专业人才,以满足产业发展对人才的需求。在教育过程中,学生可以获得专业知识、技能和实践经验,为将来的职业生涯做好准备。同时,产业界的需求和趋势也影响着教育的内容和方向。随着产业快速发展和变革,教育机构需要不断调整专业设置、更新教学内容和方法，确保所培养的人才能够满足产业当前和未来的需求。教育是培养产业所需人才的重要途径。

二是科研与创新。高等教育机构通常具有较强的科研能力，可以开展前沿科学研究和技术创新。这些研究成果可以转化为产业界的技术创新和产品升级，推动产业发展，产业界则为这些创新提供了实践平台和商业化的机会。通过与产业界合作，教育机构可以将研究成果转化为实际产品或服务，推动产业的升级和转型。

三是"产、学、研"合作。"产、学、研"合作是指产业、教育和科研机构之间的合作，以促进技术创新、产业升级和经济发展。"产、学、研"合作有助于将教育资源和科研成果转化为实际生产力，提高产业竞争力。教育机构通过与企业和研究机构的紧密合作，为学生提供实习、实训和就业机会，提升实践能力。同时，产业界的专业人士和研究人员也可以进入教育机构，将产业经验和最新技术引入教学，增强教育的实用性和前瞻性。

四是产业政策与教育政策。产业政策和教育政策之间存在互动关系。产业政策的制定和实施会直接影响教育政策、教育体系的设置和调整，教育内容和教学方法的改革，以满足产业发展的需要。同时，教育政策的制定和实施也会对产业政策产生重要影响。教育政策的变化会影响产业人才供给和科技创新能力，包括产业的人才结构和劳动力市场等方面。

2.2.4　泛IT工程是一个"双融合"工程

泛IT工程由泛IT教育工程和泛IT产业工程组成，是一个政、产、教深度融合工程。以笔者所在学校为例，在武汉工商学院泛IT教育工程研究中心（以下简称"研究中心"）的推动下，政府、产业与学校三者紧密合作，构建了一个涵盖人才招募、培养、评价至输出的完整闭环系统工程。这个系统工程，从纵向上看，由人才招募、人才培养、人才评价、人才输出的各个阶段和各个环节组成；从横向剖面上看，是政府、产业、高校、研究中心互相配合、互相支持的协作场景。

泛IT教育工程又是一个学科交叉融合工程，围绕产业链优化专业链和课程链，打造人才链和创新链，形成泛IT人才培养的理论和方法。建设现代产业学院是国家高等教育改革的一项关键举措，旨在深化产教融合、校企合作，培养符合产业需求的高素质人才。泛IT现代产业学院作为这一战略在泛IT领域的具体落地方案，不仅融合了前沿的IT技术与教育理念，还紧密对接了IT产业的最新发展趋势，致力于构建"产、学、研、用"深度融合的教育生态系统，为培养具备创新精神和实践能力的泛IT领域专业人才提供有力支撑。

2.2.5 工程教育

随着数字经济持续发展,各行各业都对信息技术类人才在数量上和质量上提出了更多更高的要求。与此同时,信息技术类人才的供给却存在很多问题,其中最主要的问题:一是教育系统的课程内容更新滞后于产业发展的需要;二是教育系统的专业设置、教育模式和教育资源的现状在新一代信息技术人才培养方面出现了结构化困难。具体表现为传统专业设置的课程内容复合性不够,"理论+实验"的教学模式对学生的工程能力培养不足,教学内容资源和教学管理信息化水平不够,教学评价"一刀切""一次性"的问题严重,妨碍了帮助学生实现个性化发展。

教育系统的课程内容更新滞后于产业发展的需要成为常态,这是因为产业发展太快所导致的。要解决这个问题,必须从两个方面入手:第一,教育系统要缩短课程升级周期,不断引入产业前沿的新观念、新知识、新技术、新方法和新工具;第二,要培养学生的工程能力,重点是培养学生的工程思维和快速学习以及应用新科学技术来构建工程系统的能力。其中第二点是更加重要的。

教育系统的教学体系问题,需要找到具体问题来对症下药。我们在过去的实践中做了大量探索,比如专业改革和课程改革方面,我们实践过新工科和交叉学科;也探索过教学模式的改革,引入了项目实训模式和企业见习模式,践行过新型学徒制;还通过产教融合来改变教学模式和改善办学资源,在建设现代产业学院方面也做了多年积极的探索。

为了更高质量、更大规模地培养信息技术类人才,我们对过去各个方面的实践进行了经验总结和理论归纳,形成了一套理论体系和一套可操作、可重复、可迭代升级的行动体系。需要说明的是,我们的理论体系和行动体系是彼此依存、互相照应的,我们将其统称为"产教融合型IT工程教育的理论与实践"。

整理这套体系的目的有两个,一是建立起一套教育理论、方法论和配套的教育服务全面质量管理体系。二是为教育质量的持续改进建立基准线,并能够通过权威的外部认证。

工程教育即高等工程教育的简称,是指通过高等院校有目的、有计划地进行课程专业设置,教学内容安排以工程项目为载体,以技术技能学习和综合知识学习为重要内容来培养未来从事工程师职业的专业教育。简单地说,工程教育就是培养工程师的教育,工程教育的主体是大学。

1. 工程教育在高等教育中的定位与地位

1) 定位

普通高等教育指的是主要招收高中毕业生进行全日制学习的专业教育,主要包括全日制普通博士学位研究生、全日制与非全日制普通硕士学位研究生(包括学术型硕士和专业硕士)、全日制普通第二学士学位、全日制普通本科(包括统招专升本)、普通全日制专科(高职高专)。根据培养目标和学科划分,我国高等教育可以分为高等文理科教育、高等工科教育和高等职业教育三大类。三者在培养目标、教育对象、教学模式、课程体系结构和实践环节等方面存在显著差异。这种差异是由社会的科学文化发展、经济技术需求、社会结构分工和教育对象的内在素质等因素所决定的。

高等文科、理科教育模式根植于人文社会科学和自然科学的基础学科,培养从事基础理论研究的人才。

高等工科教育模式根植于应用学科,培养从事自然科学技术的应用、研究和开发的技术人才。

高等职业教育模式根植于生产一线的技术领域,围绕最新技术、技能和工艺流程,培养具有专门实践技能的人才。

高等工程教育从属于高等工科教育这个大类。

2) 地位

(1) 工程推动社会进步。

工程是人类探索世界的伟大实践,工程与科学技术的结合为文明的进步提供了不竭的动力源泉,比如都江堰水利工程,这个先秦时代完成的工程至今仍灌溉着成都平原。一项伟大的工程往往不仅影响人类生活,甚至影响到人类历史进程,例如我国的万里长城、京杭大运河、郑国渠等重大工程,在历史进程中起到了无比巨大的作用。又比如,互联网技术的发展不仅仅已经影响了人类的生产生活,而且这种影响还会继续广泛而深入下去。

(2) 工程师是工程技术创新的核心力量。

著名的航天工程学家冯·卡门曾说"A scientist discovers that which exists, an engineer creates that which never was.(科学家发现已有的世界,工程师创造从未有过的世界。)"

工程教育承担着培养工程人才的使命,工程教育决定人类未来。工程教育的发展为世界各国培养了大批高水平、专业化的工程技术人才,显著促进了各国工业化进程。

学校形态的工程教育开始于18世纪初。1702年德国在弗莱贝格成立了采矿与冶金学院,1747年法国建立了路桥学校。1794年巴黎综合理工大学建立,始创基础科学和工程技术结合的理工学院模式。

大部分工业化国家都在19世纪末建立起工程教育体系。英国1889年颁布技术教育法案,将大学从传统的文理为主的教育扩展到工程技术教育,德国在19世纪将很多工业学校升格为工科大学,俄国1826年成立莫斯科技工学校。

美国工程教育在起步阶段深受法国和英国的影响。1819年建立的西点军校、1823年创立的伦斯勒理工学院和1828年设立的俄亥俄州机械学院是美国的第一批技术学院,二战前美国基本形成了本国特色的工程教育体系。

中国工程教育历史悠久,古代主要表现为传统师徒制。19世纪60年代的洋务运动给中国带来了近代工程学知识与工程技术,促进了包括工业专门学校在内的各种西式学堂的兴建,逐渐形成了中国近代工程教育。晚清留美幼童中产生了中国第一批近代工程师。1912年,中国共有各种专门学校111所,其中工业专门学校10所。第一批近代工程师和西式学堂培养的工程人才在推进中国工程建设中起到了举足轻重的作用。1949年之后,中国工程教育快速发展,逐步建立了完备的工程教育体系,教育层次结构逐步趋于合理,教育水平逐步提升。改革开放以来,中国的工程建设取得了巨大成就:南水北调工程通水、天宫二号空间实验室发射升空、世界上最大的射电望远镜FAST投入运行、C919大型客机首飞成功、世界最长的跨海大桥港珠澳大桥通车、复兴号高速列车领跑世界速度、国产航母服役。这一系列的重大工程背后都离不开工程教育的功劳。

世界经济竞争主要是科学技术的竞争,归根结底是人才的竞争,拥有高素质工程技术人才的多少已成为衡量一个国家科技水平、经济实力、生产力发展水平的重要指标和依据。

进入21世纪以来,全球科技创新空前活跃,新一轮科技革命和产业变革正在重构全球创新版图、重塑全球经济结构。信息、生命、制造、能源、空间、海洋等领域的原创性突破为前沿技术、颠覆性技术提供了更多创新源泉。学科之间、科学和技术之间、技术与技术之间、自然科学和人文社会科学之间日益呈现出交叉融合的趋势。迅速变化的世界为工程与工程教育的发展提供了难得的发展机遇,同时也提出了更多、更大的挑战,工程教育决定人类未来。

2. 我国工程教育普遍存在的问题

我国工程教育在取得显著成就的同时,也不可避免的存在以下问题。

(1) 工程教育的影响力不足。

我国工程教育对于广大民众的吸引力明显不足,学生对工程学科知之甚少。在民众心中,工程教育意识弱化的现象比较严重,对工程教育的偏见也有不少。

在中国高等教育体系中,不同层次的学校之间普遍存在着"提拔"和"攀比"之风,这种攀比之风导致高校普遍重理论轻实践、重论文轻应用,甚至以"实践"为基本特征的工程教育也不例外。朱逢光院士曾指出,即使在我们上一代,甚至上上一代,对科学和工程及技术的看法总有高低之分。什么是优越的东西?它是科学,科学高于技术,科学高于工程,很多时候,工程类院校不是根据科技发展和经济生活的实际需要来定位的,而是根据院校的层次和学术性质来区分优劣的。

(2) 办学定位同质化严重。

现有工程教育在学校定位、办学指导思想等方面,存在着日益明显的趋同现象,很少有学校明确表示要办成高水平的工科型大学,社会真正需要的工程师的培养往往被忽视。具体表现为:培养目标宽泛模糊,毕业生能力素质和产业一线的需求之间匹配度低,既没有达成工科人才的技术应用、研究和开发能力的培养目标,也没有达成职业技能型人才应有的技能水平。

(3) 培养目标没有充分体现对思维和能力的培养。

工程教育通过整合科学、技术和人文知识,旨在培养学生为不断变化的社会做出实质性贡献。这就要求我们注重学生的全面发展,打下坚实基础,注重实践,使学生在技能和社会活动能力等方面得到全面提升,成为具有全球意识、创新精神和国际化视野的优秀工程师,同时也成为社会急需的全面发展型人才。

传统工程教育教学采用的是"演绎式教学",即先讲授基本原理,然后引导学生复习和反复应用,这是基于知识体系的培养目标。而随着科技、产业、社会和组织的快速变革,工程教育的培养目标也受到了挑战,提出了对思维和能力增强的要求。这意味着需要培养学生具备创新性思维、系统性思维、批判性思维、数据思维和人文思维,以及自主学习能力、创新能力、动手实践能力和人际交往能力。这就好比学习武术,不仅要练招式,还要练内功。

(4) 忽视对学生综合素质的培养。

工程强调规模和效益，技术强调流程和工艺，工程教育与技术教育都必须强调综合多学科和交叉学科的知识来解决实践问题，包括工科与工科的交叉、工科与文科的交叉、工科与理科的交叉等。因此，毕业生不管是从事工程类职业还是非工程类职业，都必须在学术上、技术上和社交能力上得到训练。

我国高等工程教育课程体系中缺少人文、社会科学等知识，忽略了对学生自身人文素质的培养，导致学生在综合能力、身心健康、社会责任、国际视野等方面没有得到全面发展，妨碍着学生成长为创新型工程人才。

(5) 以学科为导向的课程设置僵化封闭。

我国高等工程教育的课程设置，总体上是以学科为导向的，各学科知识自身相对封闭，各学科之间也无法有机结合起来，没有去细致思考学生喜欢什么，社会需要什么。这样的课程设置无法使学生掌握课程内容间的内在联系，给学生们的自由选择空间很小。然而，不掌握多学科知识和工具，未来将无法理解或解决复杂的工程问题。工程教育变革的一个重要驱动力，是满足学生选择多学科和跨学科课程的需求。

(6) 实践能力培养不足。

教学计划中的教学任务以理论教学为主要任务，实践课程课时不足，尤其是大中型工程项目训练课时不足，造成对学生的实践能力、综合能力和创新能力的培养不足。这使得大多数高校工科毕业生走上工作岗位之后，无法立即发挥作用，而是需要用人单位对其进行大量培训之后才能开展工作。

工程教育是一种基于实践的教育，实践是创新之源。学生必须通过"做中学"领略真正的研究、设计、建造和运行。因此，工程教育不仅应与科技的最新发展相吻合，而且还应与工程实践相吻合。

(7) 教学方式传统落后。

目前大部分工科院校的教学方式仍然是以传统的灌输式教学方式为主，教学过程以教师讲授为中心，缺乏与学生的交流和互动，只注重知识点的传播和记忆，并不关注学生对知识的理解与应用，忽略了学生学习能力和综合能力的提高。受教学资源的限制，现在的教学大多实行大班教学，一个教师在一间多媒体教室对几十、上百名学生进行授课，无暇顾及学生的个人基础和兴趣爱好，忽视了学生与学生之间的个体差异和特色，在一定程度上不利于学生的全面成长，使培养出来的学生缺乏创新精神和独立思考的能力。

(8) 学生学习主动性不足。

学生普遍存在这样的问题:对未来感到迷茫,没有明确的职业生涯规划;对学习重要性认识不足,学习态度散漫;没有明确的学习目标;缺少学习兴趣;学习效率低。

学校首先应该帮助学生树立成长目标、建立职业规划、提高专业兴趣,教会学生如何学习,这样才能调动起学生主动学习的积极性,提高学生学习能力和综合实力。

(9)与企业和社会沟通交流过少。

许多工科院校在实施教学上与相应的企业、社会联系不够紧密,学生不知道如何把学校学到的理论知识运用到生产实践中去,以至于学生到企业或工厂实习时不会使用设备,不清楚产品的生产流程,对基本的技术也了解不足,对相应的标准体系了解甚少。这些,对学生以后走上工作岗位产生很不利的影响。

出现以上现象的原因是,我国工程教育在产教融合方面制度保障不足,教育质量离国际认证水平仍然存在一些差距。

3. 工程教育解决之道

(1)增强工程教育品牌影响力。

积极参加和举办各类学科竞赛、技能大赛等,宣传工程教育的成果,扩大工程教育品牌的知名度和美誉度。

联合各方办学力量,打通高中教育、大学教育、研究生教育的上升通道,通过建立多方共赢机制增强工程教育品牌的社会影响力。

(2)就业与升学并重,创办高水平工程教育。

一直以来,我国工程教育在定位上经常和职业教育发生混淆,同时也混淆了社会就业与高等教育这两类完全不同事物的本质,着重强调了"以就业创业为导向"的办学宗旨,因而在实践中特别注重培养学生掌握一技之长,教育学生"以技立身""以技立业",过度强调就业创业、技能大赛,忽视了升学教育,导致工程教育在定位上不包括更高层次技术人才的培养,也没有关注学生希望接受更高层次教育的内在需求。这样就导致工程教育定位低,毕业生被歧视,教职员工的自豪感也不能被激发出来。

(3)产教融合,校企联合培养高级工程技术人才。

深化产教融合,需要系统推进和具体落实如下四个方面的工作。

一是创新合作机制和方式,实现"双赢"局面。引入社会上管理和技术较为先进的企业,通过利用企业的设备,进行产品生产,在生产过程中引入教学内容,校企共同制订产教结合的可实施的教学生产计划,让教师学到技术,让学生加入生产,让生产产生效益,校企双赢,共生共荣。

二是突出企业重要主体作用,优化办学体制。企业的重要主体作用,不仅体现在技术课程、实习实训等教育内容方面,更体现在促使相关高校健全需求导向的人才培养结构的动态调整机制,体现在勇于变革,建立紧密对接产业链、服务创新链的学科专业体系。在深化产教融合过程中,要实现师资力量、技术设备等各类资源在企业与学校的全面共享与互融互通。企业围绕现实需要,为学校人才培养提供真实的工作环境、科学研究的课题源头,学校则基于基础理论研究的成果、高层次科研人员和技术人才,通过更加开放的办学理念,为企业提供技术支持、信息咨询和大量具备专业技能的"人才库"。通过诸如此类的共享行动,"产""教"双方都能够找到共同的兴趣点和共赢途径。只有企业主体的赢利目标得以实现,教育主体的公益性与公平性诉求也得到了保障,两者才会积聚越来越强的融合动机与融合实力。

三是加大激励措施,推动"双师型"师资队伍建设。产教双方建立科学合理的绩效考评制度,将校方教师参与产教融合、服务企业的工作量和企业方工程技术人员参与教学工作的工作量纳入绩效考核范围。

四是用好政策激励,激发创新动力。产教融合平台建设要用好"金融+财政+土地+信用"的组合式激励政策,大胆试错,勇于创新。通过用好政府的引导政策,产教融合项目既能够充分激励高校积极改革人才培养理念,也可以促进企业、行业、科研机构等相关主体的积极性,形成相互合作的内生动力与社会基础。在实施过程中,产教融合平台应是多层次、多样化的,如共建工程技术中心、创新创业中心或见习基地等。

4. 引入OBE教育理念,树立"成果导向"的组织文化

(1) 清晰聚焦。

课程设计与教学要清晰地聚焦于学生完成学习过程后能达成的最终学习成果,并让学生将他们的学习目标聚焦在这些学习成果上。教师必须清楚地阐述并致力于帮助学生拓展知识、能力和境界,使他们能够达成预期成果。清晰聚焦是OBE实施原则中最重要和最基本的原则。

第一,可协助教师制定一个能清晰预期学生学习成果的学习蓝图。

第二,以该学习蓝图作为课程、教学、评价的设计与执行的起点,与所有的学习紧密结合。

第三，无论是教学设计还是教学评价，都是以让学生能充分展示其学习成果为前提的。

第四，从第一次课堂教学开始直到最后，师生如同伙伴一样为达成学习成果而努力并分享每一时刻。

（2）扩大机会。

课程设计与教学要充分考虑每个学生的个体差异，要在时间和资源上保障每个学生都有达成学习成果的机会。学校和教师不应以同样的方式在同一时间给所有学生提供相同的学习机会，而应以更加弹性的方式来配合学生的个性化要求，让学生有机会证明自己所学，展示学习成果。如果学生获得了合适的学习机会，相信他们就会达成预期的学习成果。

（3）提高期待。

教师应该提高对学生学习的期待，制定具有挑战性的执行标准，以鼓励学生深度学习，促进更成功的学习。提升期待主要有以下三个方面。

一是提高执行标准，促使学生完成学习进程后达到更高水平。

二是排除迈向成功的附加条件，鼓励学生达到高峰表现。

三是增设高水平课程，引导学生向高标准努力。

（4）反向设计。

以最终目标（最终学习成果或顶峰成果）为起点，反向进行课程设计，开展教学活动。课程与教学设计从最终学习成果（顶峰成果）反向设计，以确定所有迈向高峰成果的教学的适切性。教学的出发点不是教师想要教什么，而是要达成高峰成果需要什么。反向设计要掌握两个原则：

一是要从学生期望达成的高峰成果来反推，不断增加课程难度来引导学生达成高峰成果。

二是应聚焦于重要、基础、核心和高峰的成果，排除不太必要的课程或以更重要的课程来取代，才能有效协助学生成功学习。

此外，在OBE教育中，至少要回答以下五个核心问题。

① 我们想让学生取得的学习成果是什么？（目标）

② 我们为什么要让学生取得这样的学习成果？（需求）

③ 我们如何有效地帮助学生取得这些学习成果？（过程）

④ 我们如何知道学生已经取得了这些学习成果？（评价）

⑤ 我们如何保障学生有效地取得这些学习成果？（改进）

5. 按照工程教育专业认证要求建立教育质量保证体系

我国开展工程教育认证的目的主要包括：构建工程教育质量监控体系，推进工程教育改革，进一步提高工程教育质量；建立与工程师制度相衔接的工程教育认证体系，促进工程教育与企业界的联系；促进中国工程教育的国际互认，提升我国工程技术人才的国际竞争力。

工程教育专业认证遵循三个基本理念——以学生为中心、成果导向（OBE）、持续改进。这对引导工程教育改革具有现实意义。

实现教育范式由"内容为本"向"学生为本"的根本转变，在传统教学中，教学内容先于教学目标而存在并占据核心位置；而在OBE教育模式中，教学目标（学生预期学习产出）先于教学内容而存在，课程资源开发、学生管理和辅导等活动都要围绕预期目标而展开，因此，在OBE教育模式中，学生真正成为教学活动的中心。OBE是一个循环的教育改革模式，它基于学生为中心的哲学理念，这种理念聚焦于学生表现即产出的经验测评。相对于关注教学资源等产出的传统教学模式，OBE没有提出对特定教学方式的要求，它只对学生最后学习产出提出要求。

工程教育专业认证有利于建立开放、透明、富有弹性和互认的教育结构。

学生：在OBE模式中，学生可以清晰地感受到来自教师的期望，通过持续的形成评价获得成就体验。同时，只要能够实现预期学习产出，学生可以在不同教育机构中获得学习经验，可以参与不同类型的教育活动。而且，OBE也可以提高学生的可雇佣性，因为该模式下培养的毕业生可以向雇主自信地表述获得的能力。

教师：OBE不限定教师采取什么样的教育方法和教育内容，只通过指定阶段性的学习期望来为教师指明方向。所以，OBE教育模式为教师充分地展现教育艺术来实现既定目标提供了广阔空间，这会成为学校办学特色和个性的重要来源。

管理者：在OBE中，通过开展学习产出评估，管理者可以及时了解学生是否达到了阶段性教学目标，根据结果及时调整资源配置、师资培训和学生辅导等工作。同时，通过向家长、教育行政部门和社会公众等利益相关者展示学生发展情况，提供努力改善教学质量的证据，可以增进高等教育质量"透明性"，有利于实现高等教育问责。

高校：学生学习过程、学习产出或毕业生能力是比较容易交流的教育术语，

"learning outcomes"是一张有效的"通行证",因此,确立OBE教育模式,有利于不同类型高校之间、高校与企业之间,甚至不同国家和地区的高校之间展开有效沟通和交流,使得高校办学活动更加开放和包容。

我国工程教育认证通用标准见表2-1所示。

表2-1 我国工程教育认证通用标准

中国工程教育认证通用标准
(一)学生
1.具有吸引优秀生源的制度和措施。
2.具有完善的学生学习指导、职业规划、就业指导、心理辅导等方面的措施,并能够很好地执行落实。
3.对学生在整个学习过程中的表现进行跟踪与评估,并通过形成性评价保证学生毕业时达到毕业要求。
4.有明确的规定和相应认定过程,认可转专业、转学学生的原有学分。
(二)培养目标
1.有公开的、符合学校定位的、适应社会经济发展需要的培养目标。
2.培养目标能反映学生毕业后5年左右在社会与专业领域预期能够取得的成就。
3.定期评价培养目标的合理性,并根据评价结果对培养目标进行修订,评价与修订过程有行业或企业专家参与。
(三)毕业要求
专业必须有明确、公开的毕业要求,毕业要求应能支撑培养目标的达成。专业应通过评价证明毕业要求的达成。专业制定的毕业要求应完全覆盖以下内容:
1.工程知识:能够将数学、自然科学、工程基础和专业知识用于解决复杂工程问题。
2.问题分析:能够应用数学、自然科学和工程科学的基本原理,识别、表达、并通过文献研究分析复杂工程问题,以获得有效结论。
3.设计/开发解决方案:能够设计针对复杂工程问题的解决方案,设计满足特定需求的系统、单元(部件)或工艺流程,并能够在设计环节中体现创新意识,考虑社会、健康、安全、法律、文化以及环境等因素。
4.研究:能够基于科学原理并采用科学方法对复杂工程问题进行研究,包括设计实验、分析与解释数据,并通过信息综合得到合理有效的结论。
5.使用现代工具:能够针对复杂工程问题,开发、选择与使用恰当的技术、资源、现代工程工具和信息技术工具,包括对复杂工程问题的预测与模拟,并能够理解其局限性。
6.工程与社会:能够基于工程相关背景知识进行合理分析,评价专业工程实践和复杂工程问题解决方案对社会、健康、安全、法律以及文化的影响,并理解应承担的责任。
7.环境和可持续发展:能够理解和评价复杂工程问题的专业工程实践对环境、社会可持续发展的影响。

续表

8. 职业规范:具有人文社会科学素养、社会责任感,能够在工程实践中理解并遵守工程职业道德和规范,履行责任。

9. 个人和团队:能够在多学科背景下的团队中承担个体、团队成员以及负责人的角色。

10. 沟通:能够就复杂工程问题与业界同行及社会公众进行有效沟通和交流,包括撰写报告和设计文稿、陈述发言、清晰表达或回应指令,并具备一定的国际视野,能够在跨文化背景下进行沟通和交流。

11. 项目管理:理解并掌握工程管理原理与经济决策方法,且能在多学科环境中应用。

12. 终身学习:具有自主学习和终身学习的意识,有不断学习和适应发展的能力。

(四)持续改进

1. 建立教学过程质量监控机制。各主要教学环节有明确的质量要求,通过教学环节、过程监控和质量评价,促进毕业要求的达成;定期进行课程体系设置和教学质量的评价。

2. 建立毕业生跟踪反馈机制,以及有高等教育系统以外相关各方参与的社会评价机制,对培养目标是否达成进行定期评价。

3. 能证明评价的结果被有效用于专业的持续改进。

(五)课程体系

课程设置能支持毕业要求的达成,课程体系设计有企业或行业专家参与。课程体系必须包括:

1. 与本专业毕业要求相适应的数学与自然科学类课程(至少占总学分的15%)。

2. 符合本专业毕业要求的工程基础类课程、专业基础类课程与专业类课程(至少占总学分的30%)。工程基础类课程和专业基础类课程能体现数学和自然科学在本专业的应用能力培养,专业类课程能体现系统设计和实现能力的培养。

3. 工程实践与毕业设计(论文)(至少占总学分的20%)。设置完善的实践教学体系,并与企业合作,开展实习、实训,培养学生的实践能力和创新能力。毕业设计(论文)选题要结合本专业的工程实际问题,培养学生的工程意识、协作精神以及综合应用所学知识解决实际问题的能力。对毕业设计(论文)的指导和考核有企业或行业专家参与。

4. 人文社会科学类通识教育课程(至少占总学分的15%),使学生在从事工程设计时能够考虑经济、环境、法律、伦理等各种制约因素。

(六)师资队伍

1. 教师数量能满足教学需要,结构合理,并有企业或行业专家作为兼职教师。

2. 教师具有足够的教学能力、专业水平、工程经验、沟通能力、职业发展能力,并且能够开展工程实践问题研究,参与学术交流。教师的工程背景应能满足专业教学的需要。

3. 教师有足够时间和精力投入到本科教学和学生指导中,并积极参与教学研究与改革。

4. 教师为学生提供指导、咨询、服务,并对学生职业生涯规划、职业从业教育有足够的指导。

5. 教师明确他们在教学质量提升过程中的责任,不断改进工作。

(七)支持条件

1. 教室、实验室及其设备在数量和功能上满足教学需要。有良好的管理、维护和更新机

续表

制,使得学生能够方便地使用。与企业合作共建实习和实训基地,在教学过程中为学生提供参与工程实践的平台。

2. 计算机、网络以及图书资料资源能够满足学生的学习以及教师的日常教学和科研所需。资源管理规范、共享程度高。

3. 教学经费有保证,总量能满足教学需要。

4. 学校能够有效地支持教师队伍建设,吸引稳定的合格教师,并支持教师自身的专业发展,包括对青年教师的指导和培养。

5. 学校能够提供达成毕业要求所必需的基础设施,包括为学生的实践活动、创新活动提供有效支持。

6. 学校的教学管理与服务规范,能有效地支持专业毕业要求的达成。

认证计算机类专业补充标准详见表2-2所示。

表2-2　认证计算机类专业补充标准

认证标准:计算机类专业

本认证标准适用于计算机类专业,包括(但不限于)计算机科学与技术、软件工程、网络工程、信息安全、物联网工程。其他名称中包含计算机相关关键词的工程专业也可按照此标准进行认证。

1 课程体系

1.1 课程设置

1.1.1 数学与自然科学类课程

数学包括高等工程数学、概率与数理统计、离散结构的基本内容。

物理包括力学、电磁学、光学与现代物理基本内容。

1.1.2 工程基础和专业基础类课程

教学内容必须覆盖以下知识领域的核心内容:程序设计、数据结构、计算机组成、操作系统、计算机网络、软件工程、信息管理,包括核心概念、基本原理,以及相关的基本技术和方法,培养学生解决实际问题的能力。

1.1.3 专业类课程

不同专业的课程须覆盖相应知识领域核心内容,并应培养学生将所学的知识应用于复杂系统的能力,能够设计、实现或者部署基于计算机原理、由软硬件与计算机网络支撑的应用系统。

计算机科学与技术专业:

课程应包含培养学生从事计算机科学研究以及计算机系统设计所需基本能力的内容。

软件工程专业:

课程应包含培养学生具有对复杂软件系统进行分析、设计、验证、确认、实现、应用和维护等能力的内容。还应包含培养学生具有软件系统开发管理能力的内容。

课程内容应至少包含一个应用领域的相关知识。

续表

1.2 实践环节

具有满足教学需要的完备实践教学体系,主要包括实验课程、课程设计、现场实习。开展科技创新、社会实践等多种形式的实践活动,到各类工程单位实习或工作,取得工程经验,基本了解本行业状况。

实验课程:包括一定数量的软硬件及系统实验。

课程设计:至少完成两个有一定规模的系统的设计与开发。

现场实习:建立相对稳定的实习基地,使学生认识和参与生产实践。

1.3 毕业设计(论文)(至少8%)

学校须制定与毕业设计要求相适应的标准和检查保障机制,对选题、内容、学生指导、答辩等提出明确要求,保证课题的工作量和难度,并给予学生有效指导。

选题需有明确的应用背景。一般要求有系统实现。

2 师资队伍

2.1 专业背景

大部分授课教师在其学习经历中至少有一个阶段是计算机类专业学历,部分教师具有相关专业学习的经历。

软件工程专业应有一定比例的教师拥有软件工程专业的学位。

2.2 工程背景

授课教师具备与所讲授课程相匹配的能力(包括操作能力、程序设计能力和解决问题能力),承担的课程数和授课学时数限定在合理范围内,保证在教学以外有精力参加学术活动、工程和研究实践,不断提升个人专业能力。讲授工程与应用类课程的教师具有工程背景;承担过工程性项目的教师须占有相当比例,有教师具有与企业共同工作经历。

3 专业条件

3.1 专业资料

配备各种高水平的、充足的教材、参考书和工具书,以及各种专业和研究机构出版的各种图书资料,师生能够方便地利用,阅读环境良好,且能方便地通过网络获取学习资料。

3.2 实验条件

(1)实验设备完备、充足、性能优良,满足各类课程教学实验的需求。

(2)保证学生以课内外学习为目的的上机、上网需求。

(3)实验技术人员数量充足,能够熟练地管理、配置、维护实验设备,保证实验环境的有效利用,有效指导学生进行实验。

3.3 实践基地

以校外企事业单位为主,为全体学生提供满足培养方案要求的稳定实践环境;参与教学活动的人员应理解实践教学目标与要求,配备的校外实践教学指导教师应具有项目开发或管理经验。

软件工程专业的校外实践指导教师应具有大型软件系统开发或项目管理经验。

6. 实践跨学科教育(IDE),培养复合型人才

(1) IDE概念。

IDE(interdisciplinary education)可译为"跨学科教育"或"交叉学科教育",最早出现于20世纪20年代中期西方文献中,系指超越一个单一的学科边界而进行的涉及两个及两个以上学科的知识创造与传播活动。美国国家科学院促进跨学科研究委员会认为,跨学科是指通过"整合两个及更多学科或专业知识体系的信息、数据、技术、工具、视角、概念以及理论来促进基础理解或解决单一学科或领域难以解决的问题"。可见,跨学科本质上是打破学科界限,它既包括自然科学、人文科学、社会科学各自学科领域内的交叉,也包括科学、人文、社会三类学科之间的交叉。

在我国,传统单科性的"专才"培养模式越来越不适应日益综合化的科学发展需求和日益复杂化的社会发展需求,"钱学森之问"所折射出的创新人才匮乏的教育之弊凸显,《国家中长期教育改革和发展规划纲要(2010—2020年)》为此明确将扩大复合型人才规模作为教育改革发展的重点。我国诸多高水平大学也积极回应这一时代要求,切实致力于实现从学科/专业教育向IDE变革。

(2) IDE实施举措。

第一,明确交叉学科的内涵。明确提出,交叉学科是在学科交叉的基础上,通过深入交融,创造一系列新的概念、理论、方法,展示出一种新的认识论,构架出新的知识结构,形成一个新的更丰富的知识范畴,已经具备成熟学科的各种特征。这是在有关学科学位教育的政策文件中首次明确对交叉学科的内涵进行了界定。

第二,建立交叉学科放管结合的设置机制。坚持高起点设置,高标准培育,建立了先探索试点,成熟后再进目录的机制,由学位授权自主审核单位依程序自主开展交叉学科设置试点,先试先行,探索复合型创新人才培养的新路径。在此基础上,还明确了试点交叉学科编入目录的申请条件和论证程序,严把质量关。

第三,建立交叉学科的调整退出机制。分试点阶段和进目录后两种情况,建立了相应的退出机制。同时,对于退出目录且还有少量社会需求的交叉学科,提出了过渡衔接办法。

第四,明确交叉学科学位授予和基本要求。分试点阶段和进目录后两种情况授予学位,分别制定学位授予基本要求。试点交叉学科由学位授权自主审核单位按审定该学科设置时所确定的学科门类授予学位,并制定学位授予基本要求;列入目录的交叉学科按目录中规定的学科门类授予学位,并由相关学科评议组制定学位授予基本要求。

第五,构建交叉学科的质量保证体系。为确保交叉学科建设质量,结合交叉学科特点,从招生、培养等方面提出了具体要求,明确所有交叉学科学位授权点均须参加周期性合格评估,但可不参加专项合格评估。同时,为优化发展环境,提出试点交叉学科可不参加第三组织的评估。

2.3 泛IT教育工程

2.3.1 泛IT教育工程实践说明

我们在武汉工商学院计算机与自动化学院的建设过程中,通过对社会经济和产业发展的研究,把传统计算机科学与技术学科定位为"泛IT"人才的培养。具体说明如下。

当前经济发展的主要动力就是数字经济,也就是"数字产业化、产业数字化、数字化治理及数据价值化"。数字经济是以数据资源为重要生产要素,以现代信息网络为主要载体,以信息通信技术融合应用、全要素数字化转型为重要推动力,促进公平与效率更加统一的新经济形态。数字经济的典型特征是IT从传统的信息化升级为数字化转型:一是数据共享交互更加广泛深入;二是利用AI、BI、区块链等技术,将所有数据进行二次利用和分析,产生更有价值的数据。

数字经济的发展加速了线下经济向线上经济转移,全行业数字化转型的深化,亦推动着经济发展由量到质的转变。数字经济的爆发式发展也推动了物理世界和数字世界的融合,从而对各行各业产生了深刻的影响。一方面,业务数字化转型正帮助企业升级业务运营模式,提升销售能力,扩展业务边界;另一方面,以数据为生产要素的数字化原生业务发展迅速,线上业务的爆发趋势不可挡。经济发展进入到以数字化经济为引领,业务数字化和数字化原生协同发展的新常态。数字经济所催生出的各种新业态,也将成为我国经济新的重要增长点。

我们在学科内涵建设方面,围绕教学模式、质量管理体系、办学模式和"双师型"师资建设开展工作。教学模式融合了CDIO工程教育模式,质量管理体系同时兼容了ISO9001质量管理体系和中国工程教育认证体系,办学模式引入了产教融合模式。其中产教融合办学模式是我们专业内涵建设的最大特色,我们称之为"泛IT教育工程"。

(1) 主体人员组成。

老师:教学、教学研究、清理问题、解决最难问题。老师在泛IT教育中既是知识传授者,也是学生发展的引导者和支持者。老师的角色和作用是帮助学生在IT领域获得知识和技能,并激发其兴趣和潜力。

学生:学习和掌握IT知识和技能,学生不仅仅是被动接受知识的对象,更应该积极主动地参与学习,发挥自己的主体作用,通过学习、探究、合作和实践,不断提升自己的能力和素养。

(2) 教育作用。

传授技能:泛IT教育的一个主要作用是传授技能。在快速发展的数字化时代,掌握IT技能成为基本的生存技能之一。泛IT教育通过教授学生各种IT技能,如计算机编程、数据分析、网络安全等,使他们具备在现代社会中所需的技能。这些技能不仅有助于学生在学业上取得好成绩,还能为他们未来就业提供竞争优势。此外,传授技能可以帮助学生更好地理解和应用科技,提高他们解决问题和创新的能力。

人格塑造:泛IT教育注重培养学生的综合素质和人文精神,使他们成为具有社会责任感、良好道德品质和正确价值观的公民。通过泛IT教育,学生能够培养自律、合作、创新和批判性思维等能力,提高他们的领导能力、沟通能力和问题解决能力。此外,泛IT教育还能帮助学生培养适应变化和面对挑战的心态,增强他们的自信心和抗压能力。

(3) 能力构成。

教学能力:教学能力指的是教师从事教学工作应当具备的专业能力,包括运用相关专业知识编写教材的能力、把握课程标准的能力、教学设计能力、课堂教学实施能力、考试评价能力以及新媒体技术使用能力等。

教研能力:教研能力是指高校教师在教育教学过程中的研究与创新能力,包括对教学内容、教学方法、教学评价等方面的研究和探索。具备较强教研能力的教师能够根据教育教学实际需求,不断改进和优化教学方案,提高教学质量。

科研能力:科研能力是高校教师在学术研究领域所展现的专业素养和能

力,包括学术敏感度、研究设计、数据分析和论文撰写等。优秀的科研能力能够帮助教师在学术领域取得突破性成果,提升自身学术地位和影响力,同时也有助于提高教学质量。

(4) 相关机构。

武汉工商学院计算机与自动化学院。

2.3.2 泛IT教育相关理论

1. OBE模式

1) OBE理念

OBE(outcomes-based education),被称为成果导向教育或学习产出教育,兴起于20世纪80年代的美国。其定义为:在教育系统中,它是围绕某一阶段学习结束后学生能够获得的关键学习成果,清楚地聚焦和组织教学活动安排的一种教育模式。

OBE理念在全球以惊人的速度获得了广泛的重视和应用。这种基于结果的教育理念旨在培养学生的综合能力和素质,强调学生的学习成果和实际应用能力。随着全球化进程的加速推进,人们对于培养具有全面素质和实际能力的人才的需求日益增长,OBE理念的出现正是为了满足这一需求。在全球范围内,越来越多的教育机构和政府部门开始重视并引入OBE理念,认为这种教育理念有助于提高教育质量和培养更具竞争力的人才。值得注意的是,OBE理念的应用不仅仅局限于教育领域,它还在企业和组织管理中得到了广泛应用,成为一种重要的管理理念。可以预见,OBE理念将会在未来继续获得广泛的重视和应用,成为推动教育和社会发展的重要力量。

OBE理念尤其在工程教育领域应用较广泛,在工程教育课程中,已经开始应用OBE理念,并通过运用和实践,逐步建立起一套完整的教学制度,现已成为西方国家教育改革的主流教学法则,被工程教育专业认证完全采纳。

OBE理念具有以下特点。

OBE强调人人都能成功。只要方式得当,所有学生都能在学习上获得成功,即成功学习会带来更为成功的学习,而前提仅仅是只要给每位学生提供适宜的学习机会。教学评价也应聚焦于每位学生是否精熟自己的学习内容,而不再区别学生原有基础的高低和学习成绩是否必须达到一条统一的分数线。

OBE强调能力本位与个性化评定。教育应该提供学生适应未来生活的能力,因此教育目标应对培养具体的核心能力提出明确的要求,每个要求应有详细的课程对应。根据学生之间的个体差异,制定个性化的评定等级,并适时进行评定,从而准确掌握学生的学习状态,并对教学进行及时修正。这样,作为学生,能够更好地认识自己的优缺点,并且学习成果与日后所需能力挂钩,更有利于日后的发展。

OBE强调绩效责任。学校是学生学习成效的最后负责单位,需要针对每名学生提出具体的评价及改进的依据。在OBE模式下,学校能够通过成果的实现途径和现状评估来不断修正完善人才培养方案,进而预测各个学科自身的发展趋势;客观全面地认识到相较同类型的其他学校的优劣之处,从而更好地取长补短;能够更公平地评价教师的教学能力与成果,从而促进教师以学生学习成果为衡量目标来改进自己的教学,并为他们提供向优秀同行模仿和学习的机会。

2) 基于OBE理念的产教融合模式

以下简单介绍几种同行实践过的产教融合模式。

"4321,2+2"产教融合人才培养模式:参照当前国际教育的主流模式,建立"四融合、三平台、两主线、一服务"产教融合培养模式,如图2-1所示。四融合指的是专业与产业、课程与岗位、课程与认证、课程与思政等相融合;三平台指的是与企业共建校内实践平台、校外实习平台、科研创业创新平台;两主线指的是以专业能力培养为主线,实施工作与学习相结合、理论联系实际的一体化教学,以职业素质培养为另一主线,基于OBE理念,引入规范标准,强化学生的专业能力。一服务指的是构建"双师双能"型教学科研师资团队。"2+2"指的是专业人才培养模式是产教融合、协同育人。

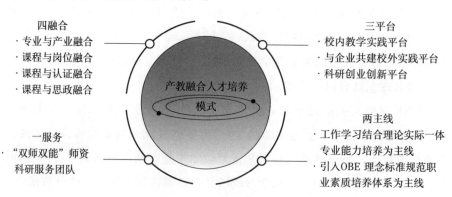

图2-1 "4321,2+2"产教融合人才培养模式

"1+1+1"产教融合多段式精准育人模式,如图2-2所示。每个"1"代表一个学年,也代表学习的三个阶段——通识能力塑造阶段、专业素质养成阶段、综合素质提升阶段。第一学年通识能力塑造阶段,主要开设科学理论课、思政课、通识课等,在专业文化中融入现代企业元素,引导学生不断提升通识能力;第二学年专业素质养成阶段,企业和学校交替育人,学生阶段性入驻产业头部企业,在真实生产场景中,开展专业能力实践,提升专业核心能力,实现教学内容与产业高端需求融通,进一步加强职业认同感和职业精神;第三学年综合素质提升阶段,也称为产业育人,学生进入区域大中型企业实践育人基地群,完成综合项目学习和岗位实习。

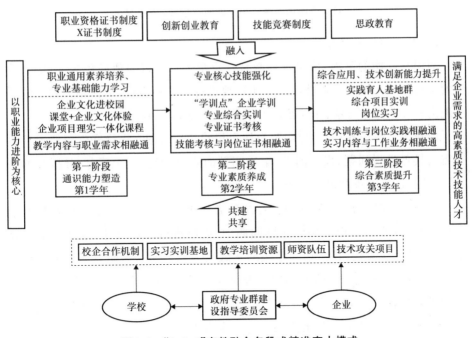

图2-2 "1+1+1"产教融合多段式精准育人模式

协同创新中心为主体的产教融合培养模式,如图2-3所示。该模式聚合政府主管部门、行业协会和优秀IT企业等各方优质资源,多方协同开展互补合作和项目共建,逐步实现课程、师资和教学资源共享,探索学分互认、联合培养、挂职锻炼等模式;建立长期有效的校政企合作机制,形成以协同创新中心为主体,教学资源平台、产学研训平台、创新服务平台为支撑的产教融合机制。

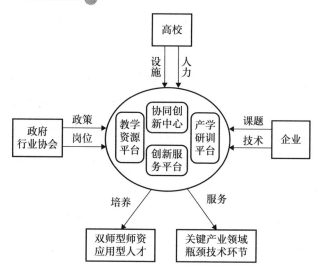

图 2-3　协同创新中心为主体的产教融合培养模式

3) OBE 的培养目标

知识与技能的掌握:成果导向教育注重学生对知识的理解和掌握,培养学生的学科基础知识和专业技能。学生需要通过学习和实践,掌握相关领域的基本理论和实践操作方法,能够运用所学知识解决实际问题。

创新能力的培养:成果导向教育注重培养学生的创新思维和创新能力。学生需要具备发现问题、提出问题、解决问题的能力,能够独立思考、分析和解决实际问题,具备创新意识和创新能力。

实践能力的培养:成果导向教育注重培养学生的实践能力。学生需要通过实践活动,将所学知识应用到实际问题中,能够进行实验设计、数据采集与分析、实际操作等实践活动,培养学生的实践能力和实际工作能力。在传统教育模式中,学生主要是通过听课和阅读来获取知识。然而,在现实生活中,知识的应用和实践能力同样重要。通过成果导向教育,学生将有机会在实际项目中运用所学知识,从而提高他们的实践能力和应用能力。

团队合作能力的培养:成果导向教育注重培养学生团队合作能力。学生需要通过合作学习、团队项目等活动,培养学生的团队合作意识和能力,能够与他人有效沟通、协作,共同完成任务和项目。在现实生活中,团队合作是不可或缺的。通过成果导向教育,学生将有机会与其他学生合作,共同完成项目和任务。这将帮助他们更好地理解团队合作的重要性,并培养他们的沟通、协作和领导能力。

社会责任感的培养:成果导向教育注重培养学生的社会责任感。学生需要了解社会问题和需求,关注社会发展和社会变革,具备为社会做贡献的意识和行动能力,能够积极参与社会实践和公益活动。

自主学习能力的培养:成果导向教育注重培养学生的自主学习能力。学生需要具备自主学习的能力和习惯,能够主动获取新知识、解决新问题,具备自主学习、自我管理和自我评价的能力。

OBE 培养目标如图 2-4 所示。

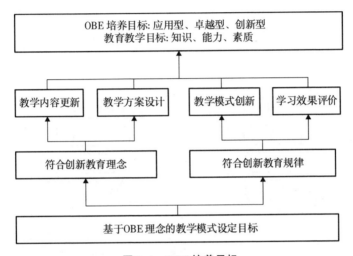

图 2-4　OBE 培养目标

4) OBE 教学设计流程

OBE 教学设计流程,需要以"成果为导向"为理念,掌握"三个关键(反向设计、以学生为中心、持续改进)""三项改革(课程体系、课堂教学、教学评价)",如图 2-5 所示。

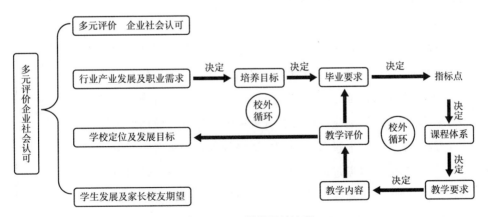

图 2-5　OBE 教学设计流程

5) 布鲁姆教育目标分类

布鲁姆教育目标分类主要是美国心理学家本杰明·布鲁姆在1956年提出的教学目标分类体系。该体系将教学目标分为认知目标、情感目标和技能目标三个层次。认知目标指的是学生在知识、理解、应用、分析、综合和评价等方面的学习目标；情感目标是指学生在情感态度、情感反应和价值观等方面的目标；技能目标是指学生在知识技能、认知策略和情感技能等方面的目标。布鲁姆教育目标分类体系为教育工作者提供了一个系统的框架，帮助他们更好地制订教学目标和教学计划，以提高学生的学习效果。布鲁姆教育目标分类如图2-6所示。

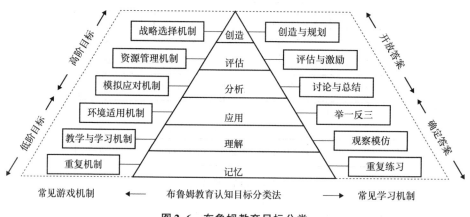

图2-6 布鲁姆教育目标分类

这一分类体系在教育领域得到了广泛运用，旨在协助教师和学生更透彻地领悟并实现教育目标。这些动词代表了不同的认知层次，涵盖从基础的知识记忆到高级的分析评价等多个层面。

以下是一些教育中使用这些动词的方法：

获取：学生可以通过阅读、听讲、观察等方式获取所学知识。

巩固：学生可以通过背诵、重复、总结等方式巩固所学知识。

理解：学生可以通过解释、描述、比较等方式理解所学知识。

应用：学生可以通过实践、演示、解决问题等方式应用所学知识。

分析：学生可以通过分解、分类、比较等方式分析所学知识。

综合：学生可以通过整合、创造、设计等方式综合所学知识。

评价：学生可以通过评估、判断、评价等方式评价所学知识。

这些动词可以帮助教师和学生更好地理解和实现教育目标。教师可以使用这些动词来描述他们想要学生达到的目标,而学生可以使用这些动词来了解他们需要达到的目标,并确定他们需要采取哪些行动来实现学习目标。

6) 以成果为导向

以成果为导向基于"产出"的核心思想,把焦点放在学生"学到了什么",而不是学校、教师"教了什么"。课程发展回归学生毕业后能"带走"的实际能力,强调围绕学生学习任务、专业设置、职业范围展开,加强学生适应未来和社会的综合能力。成果导向教育理念及其课程发展理论一直备受关注,影响了美国、日本等国家的课程改革,获得了众多教育工作者及教育界研究人员的重视和认可,被公认为"追求教育卓越的一个正确方向和值得借鉴的教育改革理念"。

7) 华盛顿协议

工程教育专业认证中OBE的体现主要体现在华盛顿协议中。华盛顿协议是国际工程教育专业认证组织之一,旨在通过认证程序来确保工程教育质量和标准。在华盛顿协议中,OBE的体现主要在对工程教育课程设置、教学方法和评估方式的要求上,以确保学生能够达到一定的学习成果和能力。因此,华盛顿协议中对OBE的体现对工程教育专业认证起着重要的作用。

2016年6月2日我国加入华盛顿协议,意味着我国的工程教育认证与国际实质等效。这一举措将为中国工程教育的国际认可和交流提供更广阔的空间和机遇。华盛顿协议是一项国际工程教育认证协议,旨在促进工程教育的国际实质等效,为工程师的国际流动提供便利。中国加入该协议,将使中国工程师更容易在国际上获得认可和资格,也将为国际工程师来华工作提供更多便利。这对于中国工程教育和工程师队伍的国际化发展具有重要意义,也将推动我国工程技术的国际交流与合作。因此,我国加入华盛顿协议对我国工程教育和工程行业产生深远的影响,为我国工程领域带来新的发展机遇。

8) 三个关键

(1) 以学生为中心。

OBE教育是以学生为中心对其进行教育,使学生达到学习成果的目标。以学生为中心的教育需要从课堂教学改革入手。教学改革到底需要改什么?核心是要从目前主流的以"教"为中心向以"学"为中心进行转变。

以"教"为中心,关注的是"培养什么,如何培养,培养得怎么样"的问题。而以"学"为中心,关注的是"学什么,怎么学,学得如何"的问题,更加注重培养学生的自我探索和自我学习等多方面能力。以"教"为中心主要体现在教学的三个方面:教学设计(教什么)、教学过程(怎么教)、教学评价(教得如何)。

所谓"以学生为中心"是指,教学设计主要取决于"学什么",教学过程主要取决于"怎么学",教学评价主要取决于学得"怎么样",这是成果导向教育使然。也就是说,以学生为中心的工程教育要求整个教学设计与教学实施都要紧紧围绕促进学生达到学习成果(毕业要求)来进行,要求提供适切的教育环境、了解学生学什么(内容)和如何学(方式与策略)、引导学生进行有效学习,并实施适切的教学评价来适时掌握学生的学习成效。

以"学生为中心"的工程教育主要体现在以下几个方面:首先,培养目标与毕业要求紧密围绕学生的发展;其次,教学内容的设计是根据对学生的期望而进行的;师资和其他支撑条件的判断标准是是否符合学生达成预期目标;最后,评价的焦点是学生的学习效果和表现,评价面向的是全体学生,而不仅仅是个别优秀学生。

以"学生为中心"体现了教师教学从"重知轻行"向"知行合一"的转变,实践是根本,学生认知、能力的表现,品德的养成、创新的思维等等都来自实践教育。实践依附于理论教学,注重的是"学中做";实践独立于理论教学,注重的是"做中学";实践融合于理论教学,注重的是"做中思"。实践教学中对学生提出挑战性结果并且让学生自主完成该任务,能充分展示其思考、处理、解决问题的实践能力,并培养学生的专业技能和职业素养。

以"学生为中心"的工程教育强调"教主于学"的教学理念,即教之主体在于学、教之目的在于学、教之效果在于学。遵循"以学论教"的教学原则,即"教什么"取决于"学什么","怎么教"取决于"怎么学","教得怎么样"取决于"学得怎么样"。

OBE理念是"以学生为中心"展开的,通过自主性、合作性和探究性的学习方式来激发学生的学习兴趣。学生和教师都是课堂的主体,共同参与、完成课程的实施。教师是课程实施的引导者,而不是主宰者,课程实施是师生之间共同配合、协同发展的过程。所以,教学不仅仅是对知识与技能的单方面传授,还包括学生对所学知识的各种反馈,这也是学生个体思想、情感、态度、能力的建构过程。

"重教轻学"是传统工程教育的痼疾,至今仍然主导着课堂教学。要改变这种状况,必须解决两个基本问题:教学本质与教学理念。

教学本质回答的是"教学是什么",传统的认识是教学是"教师把知识、技能传授给学生的过程"。这种传统认识有5个局限:教学局限于教书,教书局限于课程,课程局限于课堂,课堂局限于讲授,讲授局限于教材。教育理念上的难题主要在于传统"重教轻学"模式的根深蒂固和缺乏对学生主体地位的足够重视。

(2) 反向设计。

OBE的反向设计是与当前主流的课程教育导向相反的,以最终目标为起点,反向进行课程设计,开展教学活动。课程设计从最终成果(顶峰设计)反向设计以确定所有迈向顶峰成果的教学的适配性。教学的出发点不是教师想要教什么,而是要达成高峰成果需要什么,内外需求决定目标,目标决定毕业要求,要求决定课程体系。

课程与教学设计从最终学习成果(顶峰成果)反向设计,以确定所有迈向高峰成果的教学的适切性。教学的出发点不是教师想要教什么,而是要达成高峰成果需要什么。反向设计要掌握两个原则:一是要从学生期望达成的高峰成果来反推,不断增加课程难度来引导学生达成高峰成果;二是应聚焦于重要、基础、核心和高峰的成果,排除不太必要的课程或以更重要的课程来取代,才能有效协助学生成功学习。

基于OBE的教学设计逻辑如图2-7所示。

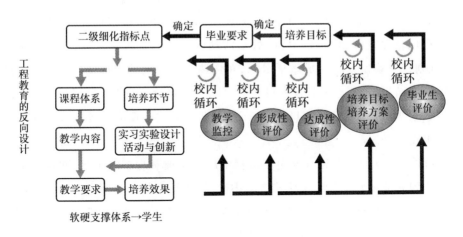

图2-7 基于OBE的教学设计逻辑

反向设计是OBE理念教学设计、实施和评价的核心理念。反向设计是从需求开始,经由需求决定培养目标、培养目标决定毕业要求、毕业要求决定课程体系。需求不仅是教学设计的起点,还是教学实施的终点,需求保证了人才培养供需间的契合度。在没有学科及专业课程建设的背景下,也应该主动探索与学生就业、行业需求及专业建设接轨。

成果导向教育的核心思想是以学生的顶峰学习成果为导向来设计和实施

课程和教学。首先,学校和教师需要明确学生应该达到的顶峰学习成果,这是教学的最终目标。其次,课程和教学设计根据这些顶峰学习成果进行反向设计,即从学生应达到的目标出发,确定教学内容和方法。在成果导向教育中,教师的出发点不是简单地确定要教什么,而是先预期学生的顶峰学习成果,再决定教授哪些内容。最后,教师还要考虑将学生引向顶峰学习成果所需的适切性,确保教学过程符合学生的学习需求。

成果导向教育的反向设计遵循着一些重要原则(被称为"黄金定律")。首先是一致性,教师需要明确学生的顶峰学习成果,并将其作为一致的高度期望。其次是系统性,教师需要设计有序、有逻辑的教学过程,以帮助学生逐步达成顶峰学习成果。最后是创造性,教师需要运用创造性的教学方法和情境,激发学生的学习兴趣和积极性,促进他们成功学习。

反向设计不仅是建立课程优先顺序与架构的实用方法,更是可以提供完整顶峰学习成果架构的相关指南。然而,在实际运用过程中面临两方面挑战,一方面是技术上,必须确定基础学习成果存在于高峰学习成果之内;另一方面是情感上,教师必须愿意放弃其熟悉、喜爱但非必要的课程细节。

成果导向理念强调学生的学习成果,此概念运用在课程设计时,必须改变以往教学活动的设计模式。传统教学活动设计是制定教学目标、选择教学活动,规划评估确定是否达成教学目标,而强调成果导向的课程设计必须从可接受的学习结果出发,也就是反向设计的原则。反向设计是指教师以学生的期末学习成效为标杆,制定教学目标,进而规划课程方式。反向设计大致包含以下三个阶段。

阶段一:教师需要思考学生在课程中应该掌握和理解的主题,并确定学生可以达到的能力水平。除了明确教学内容,还需要根据学生能力的优先顺序制定适当的课程目标。这样可以确保学生在课程中获得持续的理解和能力提升。

阶段二:教师需要确定哪些学习成果是可接受的,并通过收集和评估考试结果来判断学生是否达到了期望的学习成果。同时,教师还需要决定哪些能力要进行评估,并选择适当的评估方式。这样可以确保学生的学习成果符合预期,并为进一步的课程设计提供依据。

阶段三:教师需要根据学习成果的需求来安排最合适的教学活动。关键问题是思考哪些教材和活动能够有效地帮助学生达成学习成果。反向设计强调以未来的需求为出发点,确保教学活动能够有效促进学生的学习。

总之,反向设计强调成果导向,从学生的学习成果出发,通过确定期望的学习成果,决定可接受的学习成果,并安排最适当的教学活动,以确保学生在课程中获得持续的理解和能力提升。OBE解决的是"目标是什么""为什么是这个目标""如何实现目标""如何检验目标是否实现"这四个问题。

(3) 持续改进。

持续改进是OBE理念教学评价后的跟踪干预。其建立的是一种"评价—反馈—改进"反复循环的持续改进机制,即持续地改进培养目标,以保障其始终与内外部需求相符合;持续地改进毕业要求,以保障其始终与培养目标相符合;持续地改进教学活动,以保障其始终与毕业要求相符合。

建立持续改进体系的要点包括"一个目标、两条主线和三个改进",一个目标是保障质量,两条主线是培养目标的符合度与达成度和毕业要求的符合度与达成度,三个改进是培养目标持续改进、毕业要求持续改进和教学活动持续改进。

培养目标和毕业要求的符合度与达成度这两条主线,是对其符合度和达成度的评价与改进过程。首先,评价毕业要求(培养目标)是否与培养目标(内外需要)相符合,如果不符合,就要改进毕业要求(培养目标);其次,评价毕业要求(培养目标)是否达成,如果没有达成,就要改进教学活动(毕业要求)。

三个改进需要通过三个循环来实现,即通过外循环持续改进培养目标、通过内循环持续改进毕业要求、通过成果循环持续改进教学活动。

教育机构除了课程体系、师资队伍、支持条件、学生的学习机会、教学过程和教学评价外,在OBE的改进中还需要考虑以下几个方面。

教育机构需要关注个性化教育和差异化教学。学生的学习风格、兴趣爱好、能力水平和学习背景各不相同,因此,教育机构应根据学生个体差异,设计不同的教学方案和学习资源,以满足学生个性化学习需求。同时,教育机构也需要提供不同层次和类型的课程,以适应学生的不同学习能力和兴趣发展。

教育机构需要注重实践教学和实习实训。OBE强调学生的实际应用能力培养,因此,教育机构应提供丰富的实践教学机会,让学生在实际项目中进行实践操作和解决实际问题,培养其解决问题和创新能力。同时,教育机构还应与企业和社会建立广泛的合作关系,提供实习实训机会,让学生在真实工作环境中锻炼自己的职业技能和工作能力。

教育机构还需要加强学生的综合素质培养。除了专业知识和技能的培养外,学生还需要具备良好的人际交往能力、创新思维能力、团队合作能力和自我管理能力等综合素质。因此,教育机构应在课程设计和教学过程中注重培养学生的综合素质,通过项目、团队合作、社会实践等方式,培养学生的综合能力和终身学习能力。

教育机构还应注重学生的职业规划和发展指导。OBE的目标是培养学生具备就业竞争力和职业发展能力,因此,教育机构应在教学过程中提供职业规划和发展指导,帮助学生了解自身的兴趣、优势和职业目标,制定个人职业规划,并提供相应的支持和资源,帮助学生实现职业发展目标。

此外高校有必要对当前教育实习课程中存在的问题进行审视,以成果导向教育为理念引领,建构教育实习课程预期学习成果,反向设计教育实习课程的目标、内容、实施以及评价等以优化与革新教育实习课程,进而推动教育实习课程质量的提升。但我国高校目前的教学质量管理,还停留在对教学环节进行质量监控的初级阶段,初步具备了监督、调控功能,但缺乏改进功能。一个具有完善功能的质量管理体系应该具备"闭环"特征,即通过监督功能发现偏差,通过调控功能纠正这些偏差,再通过改进功能分析产生这些偏差的原因,并对系统进行改进。

总之,OBE是一种以学生的实际能力为核心的教育方法,但也需要不断改进和完善。教育机构应及时更新课程内容,建立有效的评估体系,加强教师培训和发展,提供良好的学习环境和学生支持体系。只有通过持续改进,OBE才能更好地满足社会需求,培养出更多具备综合素质和实际应用能力的优秀人才。

9) 三项改革

(1) 课程体系。

随着教育领域的不断发展和变革,OBE课程体系的建设逐渐成为教育改革的焦点之一。OBE课程体系的建设旨在培养学生的综合素质和能力,使其能够适应社会的发展和变革。毕业要求是构建课程体系的依据,课程体系是达到毕业要求的支撑。构建课程体系时,既要注意知识、能力、素质结构的纵横向关系(纵向,在不同层次课程间建立课程串;横向,在同一层次课程间建立课程平台)。还要处理各类课程学分比例、第一课堂与第二课堂以及"显性"与"隐性"课程之间的关系,形成合理的课程之间逻辑架构以及课程与毕业要求矩阵。成果导向教育认为课程设计和课程实施的目标是学生通过教育过程最后所取得的学习成果,注重课程内容、教学方法、教学策略与教学评价之间的高度匹配。

OBE课程体系的建设需要有明确的目标和指导原则。课程设计与教学要清楚地聚焦在学生完成学习过程后能达成的最终学习成果,并让学生将他们的学习目标聚焦在这些学习成果上。教师必须清楚地阐述并致力于帮助学生拓展知识、能力和境界,使他们能够达成预期成果。首先,教育机构需要明确教育的目标和学生应具备的核心能力。这些目标和能力应该与社会的需求和发展紧密相连,以确保学生能够在未来的职业和生活中取得成功。其次,教育机构应该制订详细的课程计划和教学大纲,确保教学内容和方法与学生的学习结果相匹配。最后,教育机构需要建立有效的评估和反馈机制,以监测学生的学习进展和评估教育的效果。

在OBE课程体系的建设过程中,教师起着至关重要的作用。教师应该具备专业知识和教育技能,能够有效地组织和实施教学活动。他们应该根据学生的学习需求和能力水平,设计和调整教学内容和方法,以促进学生的学习和发展。教师起到主导作用而不是主宰作用。在教学中,教师以指导的方式来帮助学生完成学习,而不是以主宰的方式来控制学生的学习过程。学生可以主动参与学习,而不是被动地接受教师安排的学习任务。OBE强调以学生为中心,教师则要引导和协助学生达到预期成果。

然而,OBE课程体系的建设也面临一些挑战和困难。首先,教育机构需要投入大量的时间和资源来制定和实施OBE课程体系。这需要教育机构的领导层和教师具备良好的组织和管理能力。其次,教育机构需要与社会和行业保持紧密的联系,以了解社会的需求和变化,及时调整和更新教育内容和方法。最后,教育机构还需要解决评估和反馈机制的问题,确保评估结果准确、公正和可靠。

总之,OBE课程体系的建设是教育改革的重要方向之一。它旨在培养学生的综合素质和能力,使他们能够适应社会的发展和变革。教育机构、教师、家长和社会都应该积极参与其中,共同努力实现教育的目标。尽管面临一些挑战和困难,但只要我们坚持不懈,相信OBE课程体系的建设将为学生的未来发展带来更多机遇和可能性。

(2)课堂教学。

教师选择教学内容进行合理地组织,将核心的知识、技能、思维与能力作为基础理论知识,并进一步细化,重点关注学科知识整合,强化整合各个知识点之间的联系。在确定教学内容上,需要由基础到拔高的递进式划分,然后设计主题学习活动。针对知识与技能,举例贴近实际生活的问题,形成具体的学习活动主题。

社会和用人单位最看重的就是工科毕业生的工程实践能力、批判性思维和主动学习意识。但现行工程教育并没有往这些方面走,反而更加重视教师在教学过程中的主导作用,无论是知识课程、实践课程还是工程训练课都以老师为核心展开。由传统教学理念为指导的工程教育教学实施,无疑偏离了工程教育的培养目标,所以,要进行工程教育教学实施的改革首先必须改变教学理念。

转变观念,坚持以学生为中心的教学理念。这种教学理念强调摒弃传统的讲授式教学,转而注重培育学生的自主学习与批判性思维能力。教师应转型为指导者和引路人,创设开放学习环境,提供多元学习资源根据个体差异设计个性化学习任务与评价方式,激发学生主动学习;此外,还需着重培养学生的综合能力及创新能力,引导他们参与实践活动与课外活动,发展实践能力、协作能力、解决问题能力,并激发兴趣爱好,提升审美与创造力,挖掘潜能与特长;同时还强调培养社会责任感和全球意识,教师应引导学生关注社会与全球议题,增强公民意识与社会责任感,并鼓励跨文化交流拓宽国际视野,提升竞争力。总而言之,坚持以学生为中心的教学理念不仅是一种教育改革的方向,也是教师应该拥有的教育情怀。

转换角色,发挥教师督导和服务作用。教师是教学活动的主导者,无论是教学内容的选定,教学计划的制订,教学方法的使用,课堂秩序的维持还是课堂氛围的营造都离不开教师的参与。在传统课堂教学中,教师是权威的象征"师传生受,师问生答,师走生歇",教师高高在上,师生关系处于失衡的跷跷板状态。在以学生为中心的教学模式中,教师应转换角色,从主导者转向引导者,由控制者转向服务者,用启发式教学代替灌输式教学,用鼓励和疏解代替命令和压制,将长期处于被灌输和操作的教学模式中的学生拯救出来,启发学生自主思考,主动融入到课堂教学中去,锻炼学生的独立思考和批判性能力。

加强引导,激发学生的主体意识。以学生为中心的教学模式是以建构主义理论为支撑的。建构主义理论认为,在整个教学过程中教师扮演组织者、指导者和帮助者的角色,利用情境、协作、会话等环境要素充分发挥学生的主动性、积极性和首创精神。它强调学习并非被动地接受教师和课本传递的信息,学生应该积极构建自己的知识体系。在以学生为中心的教学模式中教育者要对学生加强引导,通过定期和学生谈话,组织专题演讲,收集学生意见等方式激发学生对教学活动的责任意识和主体意识。调动起学生参与教学活动全过程的积极性,反客为主,反被动为主动。

BOPPPS教学结构:BOPPPS是一种有效的教学结构,它包括六个要素,即Bridge-in(导言)、Objective/Outcome(目标)、Pre-assessment(前测)、Participation(参与式学习)、Post-assessment(后测)和Summary(总结),这种教学结构能够帮助教师在课堂上更好地组织教学内容,激发学生的学习兴趣,提高教学效果。BOPPPS教学结构如图2-8所示。

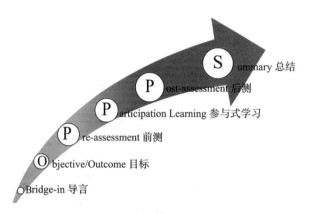

图2-8　BOPPPS教学结构

首先,Bridge-in阶段是引入课程内容的部分,可以通过提出问题、引用相关案例或者展示相关视频来吸引学生的注意力,激发学生的学习兴趣。其次,Objective/Outcome阶段明确了本节课的学习目标,让学生清楚地知道他们将会学到什么内容,从而有助于激发学生的学习动机。再次,在Pre-assessment阶段,教师可以通过提问或者小测验的方式来了解学生的先前知识水平,以便更好地调整教学内容和方法。从次,在Participation Learning阶段,教师可以通过小组讨论、问题解答等方式让学生积极参与到课堂中来,提高他们的学习效果,然后,Post-assessment阶段是判断学生是否达到预期的重要环节,可以通过回答问题、小测验、习题等方法进行。此环节有助于验收学生学习成果,检测学习目标是否最终达成。最后,在Summary阶段,教师可以对本节课的重点内容进行总结,并提出问题让学生思考,巩固他们的学习成果。

戴尔学习金字塔:戴尔学习金字塔是一种教学方法,旨在帮助学生更好地掌握知识。这种方法将学习过程分为四个阶段,分别为记忆、理解、应用和评价,如图2-9所示。在记忆阶段,学生需要通过重复和背诵来掌握基本概念和知识点。在理解阶段,学生需要通过解释和举例来理解知识的含义和内涵。在应用阶段,学生需要通过解决问题和实践来运用所学知识。最后,在评价阶段,学生需要通过分析和评估来检验自己的学习成果。戴尔学习金字塔的设计旨在帮助学生建立扎实的学习基础,提高他们的学习效率和成绩。这种方法已经在许多学校和教育机构得到了广泛的认可和应用,被认为是一种有效的教学手段。

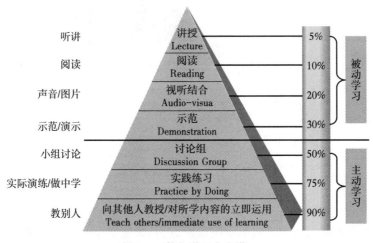

图 2-9　戴尔学习金字塔

4F引导法:课堂教学4F引导法是一种有效的教学方法,它包括四个要素——Facts(事实)、Feelings(感受)、Findings(发现)和Future(未来),如图2-10所示。这种教学方法能够提高学生的学习兴趣和学习效果,还能够培养学生的思维能力和实际操作能力,是一种值得推广的教学方法。使用4F引导法具体步骤如下。

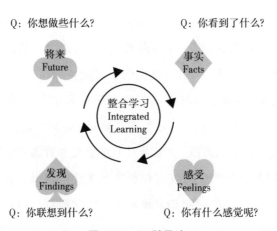

图 2-10　4F引导法

① 确定要反思的经验或事件。

② 在Facts阶段,描述经验或事件的事实和细节。(what do you see?)

③ 在Feelings阶段,表达个人的感受和情绪。(how do you feel?)

④ 在Findings阶段,寻找经验或事件中的发现和教训。(what do you find?)

⑤ 在Future阶段,思考如何将经验或事件中的发现和教训应用到未来生活中。(what will you do next?)

(3) 教学评价。

OBE是基于学生学习成果的评价模式,强调学生在学习过程中所达到的实际目标和能力。与传统的教学评价方法相比,OBE教学评价更加注重学生的综合素质和能力的培养,而非仅仅关注知识的掌握程度。通过对学生学习成果进行评价,教育工作者可以更加全面了解学生的学习情况,从而为学生提供更有针对性的教学和指导。

学生学习成果评价是对学生大学四年学习过程中和学习结束时的知识、能力、素质获得情况进行的评价。首先,在课程教学过程中,检测学生对该课程某一方面的知识、能力、素质的获得情况,即过程性评价;其次,在课程结束后,通过期末考试等方式检测学生学习成果的获得情况,即终结性评价,实质这些都是课程目标达成情况的评价。由课程目标达成情况分析判断毕业要求指标点、毕业要求达成情况,从而体现以学生学习成果为导向的评价,分析判断出学生对知识掌握、能力获得和素质提升情况。

OBE强调持续改进培养目标达成度评价而不是形成性评价。传统学习比较强调通过学生的竞争而分出"优秀""良好"等不同等级。而OBE重自我比较,鼓励自我提升,而不是学生与学生之间的比较。培养目标达成度评价是对学生培养过程和毕业后五年时间所获得的知识、能力、素质进行评价,即分析判断培养目标达成度情况。评价时主要包括对过程性和终结性的学习成果进行评价,以及得出评价结果、反馈、改进和提高等环节。改进和提高是评价过程中的重要环节,持续改进是依据评价结果反馈的意见和建议,制订相应的解决方案,不断地对下一阶段或下一轮培养目标达成情况加以改进,如此循环往复,使培养目标的达成情况持续改进,实现评价的最终目的。

OBE的教学评价聚焦于学习成果,而非教学内容、学习时间和方式上。采用多元和梯次的评价标准,强调达成学习成果的内涵和个人的学习进步,而非学生之间的比较。根据每个学生能达到教育要求的程度,从不熟练到优秀进行针对性评定,精确把握学生学习状况,为教学改进提供有力参考。

10) OBE 面临的挑战

OBE 教育理念尽管有上述的一系列的独特优势,然而也存在着一定的挑战。

挑战一:成果的界定受主观影响。成果的定义往往由实施者的解读所决定,这导致不同项目甚至不同教师间对结果的诠释存在差异,进而造成教育效果的参差不齐。即便声称取得了相同的结果,实际上却可能大相径庭。过于关注具体结果的描述,往往会使整体学习方法变得模糊。

挑战二:评估的过程过于机械。仅侧重于学生是否掌握了知识,而忽略了他们运用知识的能力。这种对结果实现的单一追求,可能使学生失去深入理解和学习的动力,甚至可能从未被告知如何运用所学知识。教师因此面临巨大挑战,他们需要适应并管理一个与以往截然不同的教育环境,在评估中投入必要的时间和精力,创建有效而可靠的评估方式,以展现学生对信息的理解,同时确保评估的客观性。

挑战三:教学和评估可能受限制。例如,评估创造力、尊重自我与他人、责任感以及自学等成果时,往往面临诸多困难。由于缺乏可量化、可观察或具体的评估方法,我们难以确定学生是否真正取得了这些成果。因此,OBE 在追求具体成果的过程中,可能与其初衷"服务和创造取得多种成果的个体"背道而驰。

挑战四:学习成果与需求不匹配。如何确保学生的学习成果与社会需求和就业市场的要求相匹配,是 OBE 理念实施过程中的一项重要任务。这需要教育机构与行业和社会各界建立紧密联系,了解行业发展的最新动态和市场需求,从而针对性地调整和改进教育内容和方法。

挑战五:成果与全面发展不平衡。尽管学习成果是 OBE 的核心,但教育机构也需要关注学生的综合素质和个性发展。因此,教育机构需要提供多样化的学习机会和活动,以帮助学生在学术、职业和个人方面全面发展。

挑战六:局限性。首先,教学目标存在一定主观性与抽象性,评价标准的制定也具有挑战性;其次,以结果为导向可能导致忽略教学过程,使教学产生功利性倾向;再次,限定教学目标可能影响学生的创造性,使学生忽略探索与创新的过程;从次,统一的目标可能妨碍个性化教学的执行或忽略学生兴趣的培养;最后,目标的制定与执行因学科的不同而可能存在巨大的差异,对教师的教学能力也有较高要求。

11）总结和未来的展望

OBE是一种以学生学习成果为核心的教育理念和方法。它可以帮助学生更好地理解学习的目的和意义，提高学习动机和参与度。同时，OBE也可以促进教师的教学设计和实施，以促进学生的学习和发展。

虽然OBE仍面临一些挑战和争议，但展望未来，它有望在教育领域发挥更大的作用。随着社会不断变化和发展，教育领域对人才的需求也在不断变化。OBE作为一种先进的教育理念，有望在培养具备创新、批判性思维、团队协作等综合素质的学生方面发挥更大作用。同时，随着教育公平与包容性问题的日益凸显，OBE也将成为推动教育公平、实现教育机会均等的重要工具。

2. CDIO

1）CDIO工程教育的背景

20世纪50年代初，全球工程教育主要是强调工程实践和实际操作能力。但是随着20世纪下半叶的背景环境和文化改变，各国逐渐开始重视自然科学的地位，工程教育的文化和背景环境逐渐趋向工程科学。到了20世纪80年代，工程教育过分重视工程科学而忽视工程实践的现象越发严重，导致了实践与工程科学这一关系的严重失衡。这种重理论、轻实践的工程教育模式培养出的毕业生开始越来越受到来自业界的批评。工程人才短缺问题和工程教育质量问题俨然成为全球共同面临的挑战。

为了应对这些挑战，世界各国纷纷进行工程教育改革，以追求理论知识与实践能力的平衡，培养面向业界的工程人才。从20世纪90年代开始，美国工程教育掀起了"回归工程"的浪潮，提出新的工程教育模式要以人为本，要具有包容性，要着眼于学生的全面发展，厚基础、强实践，使学生从依赖型学习者变为独型的学习者，进而成为相互依靠的学习者，并在实践中把自己打造成合格的人才。

为实现真正的"回归工程"，探索出一种平衡理论知识与实践能力关系的工程教育模式，2004年，美国麻省理工学院和瑞典皇家工学院等四所大学合作开发了CDIO（conceive-design-implement-operate）这一新型的工程教育模式。CDIO模式以项目的研发到运行的生命周期为载体，让学生以主动的、实践的、课程之间具有有机联系的方式学习和获取工程能力，包括个人的科学技术知识的终身学习能力、交流能力和团队合作能力，以及在社会和企业环境下构建产品、过程和系统的能力。它强调知识与能力之间的关联，并较好地解决了工教育中理论知识与实践能力的平衡。

CDIO作为一种新的教育理念,致力于培养学生的核心能力,包括工程实践技能、团队合作能力、沟通能力和领导能力。这种教育模式强调学生在解决实际问题中的能力培养,通过将理论知识与实际应用相结合,让学生在真实的工程项目中进行实践,培养他们创新思维和解决问题的能力。CDIO不仅注重学生的专业知识,还注重学生的综合素质和工程伦理。通过这种教育模式,学生可以更好地适应未来的工作环境,并成为具备全面能力的工程师。CDIO在全球范围内得到了广泛的认可和应用,越来越多的高等院校开始引入CDIO模式,以培养具备实践能力和创新能力的工程人才。

2)CDIO工程教育的概念

CDIO工程教育是一种创新的教学方法,旨在培养学生的创造力、设计能力、实践能力和组织能力。CDIO代表的是"conceive(构思)、design(设计)、implement(实施)和operate(操作)",这四个关键词概括了整个教育过程,如图2-11所示。CDIO工程教育注重培养学生的综合能力和实际操作技能,强调学生在真实工程项目中的实践经验。

图2-11　CDIO教育过程

CDIO工程教育的核心理念是将理论知识与实践技能相结合,通过项目驱动式的学习方法,使学生在真实工程环境中学习和实践。学生在CDIO教育中扮演的是一个工程师的角色,通过参与设计、实施和运营的全过程,培养了学生解决问题和团队合作的能力。

3)CDIO工程教育的培养目标和愿景

(1)CDIO工程教育的培养目标。

目标一,培养学生掌握和具备较深的技术基础知识。基础知识的学习靠的是理解而不是死记硬背,理解概念可以使人在各种不同特例或环境下对知识进行灵活的应用,而光靠记忆和背诵是远远达不到这一层次的。概念的理解是有持久价值的,它不仅帮助学生在特定情境下解决问题,还能够帮助他们在其他领域应用所学知识。此外,概念的理解也为学生提供了思考和创新的基础,激发他们主动参与学习的动力。传统的、通过讲授的教学方法实际上就是期望学生在被动地听讲过程中获得知识,而CDIO改革目的是让学生自己构建他们的知识,通过深层的学习方法去更好地掌握技术基础知识。

目标二,培养学生具备领导新产品、新工艺和新系统的创建和运行的能力。这些能力包括问题解决能力、团队协作能力、工程实践能力等。通过案例教学和项目实践,学生可以在实际操作中不断积累经验,提升这些核心能力。

目标三,培养学生理解研究和技术发展对社会的重要性和战略影响的能力。这个目标也考虑到有些毕业生将来不会以工程师为职业,他们可能将成为工业、政府和高等院校中的研究者。尽管存在不同职业兴趣,所有学生都会在CDIO改革的背景中获益。学生在第一个目标中深层次掌握了技术基础。此外,工程研究者必须理解他们的努力对产品或系统的实际影响。成功的研究者不仅对学术界有影响,而且对社会的影响也逐渐显现出来。因此,让希望从事研究工作的学生理解技术是如何渗入产品的过程中,并能够判断和改进他们工作的战略价值是非常重要的。只有这样,他们才能够在科学和工程领域中真正发挥出自己的作用,为社会发展做出更大的贡献。

(2) CDIO工程教育的特征和愿景。

CDIO工程教育的最佳实践是基于学术学习和工程教育。这种教育模式强调基础,要求建立在构思、设计、实施和运行产品、过程和系统的基础上。这一教育模式的特征表现在三个方面:首先,教育是基于清晰论证的、经过利益相关者审查的专业目标和学生的学习效果。这意味着教育目标必须经过仔细的论证和各利益相关者的审查,确保其合理性和可行性。其次,学习效果是通过一系列有组织、一体化学习经验达到的,其中一些学习经验是实践性的。这意味着学生将亲身体验到真正的工程师在其职业生涯中所获得的经验,通过实践来提高学生的技能和能力。最后,精心设计的一体化学习经验将产生双重影响,既能提高教学能力,又能促进学生深入学习。这意味着通过精心设计的学习经验,教师能够提高他们的教学能力,而学生则能够深入地理解和应用所学知识,从而建立坚实的基础。总之,CDIO工程教育是基于学术学习和工程教育的最佳实践,并且要求一体化的、完整的实施,以确保教育目标的实现和学生学习效果的提高。

CDIO工程教育的愿景主要有以下几方面：一是以各学科相互支撑的课程体系来设计课程计划，通过一个明确的方案将个人、人际交往能力以及产品、过程和系统的建造能力的培养整合在同一个课程计划中。二是将教室或现代实践场所的设计、实现及动手实践经验作为工程基础经验学习的核心基础。三是在设计、实现之外的主动学习和经验学习可以和学科课程相结合。四是完整的考核评估过程。

4) CDIO教与学

(1) 一体化学习。

一体化学习是CDIO工程教育的一个主要特色，学生可在工程实际环境中学习学科知识的同时，培养个人、人际交往能力以及产品、过程和系统的建造能力。根据一体化学习经验，教师能更有效地帮助学生把学科知识应用到工程实际中，并能更好地让学生满足工程专业的要求。"CDIO标准3"的一体化教学计划强调把学习效果融合到专业计划中的系统性计划，"CDIO标准7"的综合性学习经验则关注专业计划中的各个课程计划和综合课程的实现问题，这两者可以视为同一个问题的两个方面（具体见表2-3CDIO评价标准的12条要求）。

CDIO强调的是一体化教育模式，它通过一系列的课程和项目，将学生需要具备的能力和素质贯穿于整个大学教育过程中。这意味着我们不是根据学生的能力缺失来开设特定的课程，而是通过整合课程和项目，培养学生的综合能力。CDIO强调的一体化教育模式，需要一个综合的、一体化的框架来指导学生的培养和提升。这个框架应该贯穿于整个大学学习的四年课程中，而不仅仅是某一门课程。举个例子，CDIO注重培养学生的沟通演讲和表达能力。那么，如何进行口头表达训练呢？这可以通过组织学生回答问题、小组讨论和发言等形式来实现。这种训练不应该只限于某一门课程，而是在多门课程中协调进行，甚至可以由不同的教师来传授这项能力。

(2) 主动学习和经验学习。

主动学习和经验学习方法直接影响学生的学习方式。"CDIO标准8"要求主动学习和经验学习。

CDIO主动学习方法使学生直接参与思考和解决问题的活动。它很少让学生被动地接收信息，更强调学生参与操作、应用、分析和评价其想法。这个过程有助于学生提高学习的动力，从而达到预期的学习效果，同时形成终身学习的习惯。当学生在学习过程中扮演主动角色时，他们会学习得更好，因为他们更愿意采用深化的学习方法，学生主动参与他们的学习，能使学过的知识和新的概念之间更好地联系起来。主动学习的方法包括Muddy卡(授课疑点卡)、概念问题、电子反馈系统、自选讲题等。

CDIO方法基于经验学习理论,根植于建构主义和认知发展理论。建构主义和社会学习理论已经被用于很多课程计划和教学模式,CDIO方法聚焦于其中的一个模式,称为经验学习。CDIO的经验学习让学生能够在模拟工程师角色和工程实践的环境中进行教学活动。经验学习方法包括基于项目的学习(PBL)、仿真学习、案例学习,以及设计等实践经验。这些方法是建立在学生如何学习和提高认知能力等教育理论的基础上。

5)专业评价

专业评价是判断一个专业整体有效性的过程,判断的基础是这个专业在实现其既定目标方面有哪些具体的进步。专业评价是一套基于学习成果的评价体系,从宏观到微观大致分为三个层面,如图2-12所示。

图2-12 专业评价体系

专业层面:通过对学习成果的评价,在一定时间内,随着学科发展、社会需要,调整专业培养目标和专业培养标准。

课程计划层面:根据评价结果,评价课程计划的强弱、合理性,调整课程计划的设置。

教学环节层面:根据评价结果,改进教学方法,调整教学活动,改变评价工具。

CDIO专业计划的评价主要依据"输入—过程—输出"这一评判模型。输入包括人员访查、设施的可用性和利用率、资源的充足性和利用率等;过程包括教学、考核和评价方法选择;而输出则是学生既定的学习效果和专业的整体成果。

专业整体的质量是通过考核该专业完成其既定目标的指标来判断的,也就是考核其对照CDIO标准方面所取得的进步。因为这些标准包括了输入、过程和输出,并在一定程度上涵盖了效果和影响,所以基于CDIO标准的专业评价可以为主管领导提供数据,从而判断这个专业的发展是否达到了目标,是否能有效地运行,是否合理地利用资源,是否在整体上有所改变。

专业评价的方法是采用"基于CDIO标准的专业评价"来表达的。这个方法与专业评价的判定模式一致,其中每个标准就是对应专业的一个特征。满足CDIO标准的依据可以通过多种渠道、多种定性定量的方式得到。评价结果有规律地反馈给教师、学生、管理者、校友以及其他利益相关者,为本专业的决策和持续改进提供基础。

(1) CDIO专业评价基于标准的专业评价。

评价一个专业的概念架构合理与否,取决于进行此项评价的目的和理由。常见的评价模式有目标导向模式、判定模式和管理导向模式。

目标导向模式:评价着眼于一个专业的目标,并考核此专业是否达到了这些既定的目的、目标和效果。

判定模式:考核一个专业是否符合标准要求(如专业认证),往往着眼于输入和过程。

管理导向模式:着眼于与决策者相关的问题,将问题局限于特定的范围内,更着重于结果以及整体效果和影响。典型例子是瑞典林雪平大学实行的平衡计分法。

CDIO专业评价以判定模式为主,兼有目标导向模式和管理导向模式的元素。通过对"输入—过程—成果"进行相关的审查,可以把不满足标准或有质量缺陷的部分全都找出来,进行改进。

CDIO专业评价主要是评价两个方面的内容,一是对结果的评价;二是对过程的评价。

对结果的评价。主要是对这个专业所服务的人群进行预期结果(包括对学生的学习效果、活动以及毕业时可以达到的最终结果)方面的评价,判定的依据为输入和过程。教师的资质和水平、现代工程工具、实践场所等属于输入;教学、咨询和招生等则属于过程。专业评价同时着眼于是否达到专业目标和特定的学习效果。

对过程的评价。系统地考察专业活动,并考察这个专业是如何运行以达到其目标的。考察这些过程有助于解释最终结果,并判断这个专业是否能取得成功。

(2) CDIO专业评价的标准。

CDIO评价标准的12条要求如表2-3所示,专业评价着眼于专业学习效果和达到这些效果所经历的过程。这些要求可以分为一个或几个不同的方面:学校使命、专业目标、学习效果、课程计划、学习环境、教与学、学习考核及教师发展。专业评价本身也是其中的要求之一。

表2-3 CDIO评价标准的12条要求

学校使命与专业目标	标准1,背景环境	学校使命与专业目标在何程度上反映了CDIO的理念?即是否把产品、过程或系统的构思、设计、实施和运行作为工程教育的环境? 技术知识和能力的教学实践在多大程度上以产品、过程或系统的生产周期作为工程教育的框架或环境
学习效果	标准2,学习效果	从具体学习效果看,个人基本能力、人际交往能力和对产品、过程和系统的构建能力在多大程度上满足专业目标并经过专业利益相关者的检验? 专业利益相关者是怎样参与学生必需达到的各种能力和水平标准的制定的
课程计划	标准3,一体化课程计划	个人基本能力、人际交往能力和对产品、过程和系统的构建能力是如何反映在培养计划中的? 培养计划的设计在何种程度上做到了各学科之间相互支撑,并明确地将个人基本能力、人际交往能力和对产品、过程和系统构建能力的培养融于其中
	标准4,工程导论	个人基本能力、人际交往能力和对产品、过程和系统的构建能力是如何反映在培养计划中的? 工程导论在多大程度上激发了学生在相应核心工程领域应用方面的兴趣和动力
	标准5,设计—实现经验	培养计划是否包含至少两个设计——实践经历(其中一个为基本水平,一个为高级水平)? 在课内外活动中学生有多少机会参与产品、过程和系统的构思、设计、实施和运行
学习环境	标准6,工程实践场所	实践场所和其他学习环境怎样支持学生的动手能力和直接经验的学习? 学生有多大机会在现代工程软件和实验室内发展其从事产品、过程和系统建构的知识能力和态度? 实践场所是否以学生为中心,是否方便、容易进入并易于交流

续表

	标准	
教与学	标准7，一体化学习经验	综合性的学习经验能否帮助学生提升学科知识以及个人基本能力、人际交往能力和产品、过程和系统构建的能力？ 综合性的学习经验如何将学科学习和工程职业训练融合在一起
	标准8，主动学习	主动学习和经验学习方法怎样在CDIO环境下促进专业目标的达成？ 教与学的方法在多大程度上基于学生自己的思考和解决问题的活动
学习考核	标准11，学生考核	学生的个人基本能力和人际交往能力，产品、过程和系统的构建能力以及学科知识如何融入专业考核之中？ 这些考核如何度量和记录？ 学生在何种程度上达到专业目标
教师发展	标准9，教师能力的提升	用于提升教师基本个人能力和人际能力以及产品、过程和系统构建能力的举措能得到怎样的支持和鼓励
	标准10，教师教学能力的提高	有哪些措施用来提高教师在一体化学习经验、运用主动学习和经验学习方法以及学生考核等方面的能力
	标准12，专业评价	有无针对CDIO评价标准12条要求的系统评价过程？ 评价结果在多大程度上反馈给学生、教师以及其他利益相关者，以促进持续改进？ 专业教育有哪些效果和影响

CDIO评价标准的12条要求的说明和认证材料如表2-4所示。

表2-4 CDIO评价标准的12条要求的说明和认证材料

标准	标准说明	认证材料
以CDIO为基本环境	采用将产品、过程和系统生命周期的开发与运用（构思、设计、实现、运行）作为工程教育的背景环境的基本原理	在使命宣言或相关负责单位的文件中明确表明本专业是基于CDIO理念的专业培养。 教师和学生都能够解释将产品、过程或系统的生命周期作为工程教育背景、环境的原则

续表

标准	标准说明	认证材料
学习目标	具体、详细的学习目标与专业目标一致,并得到利益相关者验证的个人基本能力、人际交往能力,产品、过程和系统建造能力以及学科知识	专业的学习目标中列出其毕业生所需获得的知识、能力和态度。 学习目标的内容和熟练程度是通过主要利益相关者的认可所确立的,主要利益相关者包括教师、学生、校友和工业代表等
一体化教学计划	是一个由相互支持的专业课程和明确集成个人基本能力、人际交往能力,产品、过程和系统建造能力为一体的方案所设计出的课程计划	一个书面计划明确阐明各学科知识的联系,个人和人际交往,产品、过程和系统建造能力。 课程和课外活动中包括具体能力的培养。 教师和学生意识到在教学大纲中的这些能力
工程导论	是一门工程导论课程,它提供产品、过程和系统建造中工程实践所需的框架,并且引出必要的个人基本能力和人际交往能力	介绍个人基本能力、人际交往能力以及产品、过程和系统建造等综合能力的学习经验。 学生获取了标准2中要求的能力。 激发了学生对专业的较高兴趣,可以从问卷调查或今后课程的选修上来反映
设计-实现的经验	在课程计划中包括两个或更多的设计-实现的经验,其中一个为初级的,一个为高级的	课程计划中有两个或两个以上的设计-实现课程(如一个导论课程和一个高级课程的部分内容)。 要求有设计-实现经验的课外活动机会(如研究实验或实习)。 具体的、能为以后的学科学习打下基础的动手学习经验
工程实践场所	工程实践场所和实验室能支持和鼓励学生通过动手学习产品、过程和系统的建造能力,学习学科知识和社会学习	配备现代工程工具的实践场所。 实践场所以学生为中心,方便学生使用、操作和互动。 教师、员工和学生对实践场所的满意度高
综合性学习经验	一体化学习经验带动学科知识与个人基本能力和人际交往能力,产品、过程和系统建造能力的获取	在学习活动和学习经验中整合了学科知识和个人基本能力、人际交往能力,产品、过程和系统建造能力。 有工程经历的教师直接参与一体化教学实践。 企业合作伙伴和其他利益相关者人员参与筹划一体化学习经验

续表

标准	标准说明	认证材料
主动学习	基于主动经验学习方法的教与学	通过考察或自我报告记录主动学习方法的成功实施。 多数教师采用主动学习方法。 学生取得学习效果好成绩。 学生对学习方法高度满意
教师能力的提升	采取行动,提高教师的个人基本能力、人际交往能力以及产品、过程和系统建造的能力	通过考察或自我报告证明多数教师具备个人基本能力和人际交往能力以及产品、过程和系统建造的能力。 一个高数量的具有工程实践经验的教师队伍。 有以这些职业能力来评估和聘用教师的政策和措施。 对教师发展这些能力资源的承诺
教师教学能力的提高	采取行动,提高教师在提供一体化学习,使用主动经验、学习方法和考核学生学习等方面的能力。	通过考察或自我报告证明大多数教师具有教学、学习和考核方法的能力。 大学有政策和方法考察有效教学并以此作为对大学教师评估和聘用的一个依据。 对教师发展这些能力资源的承诺
学生考核	考核学生在个人基本能力、人际交往能力,产品、过程和系统建造能力以及学科知识等方面的学习	具有与所有学习效果相适应的各种考核方法。 考核方法的成功实施。 大多数教师采用适当的考核方法。 学生成绩的确定建立在可靠、有效的数据基础之上
专业评估	是一个对照12条标准评估专业,并以继续改进为目的,向学生、教师和其他利益相关者提供反馈的系统	用多种评估方法采集学生、教师、专业负责人、校友和其他利益相关者的反馈。 明文规定的基于专业评估结果的持续改善机制。 作为持续改善机制一部分的量化证据

(3) CDIO能力大纲。

CDIO能力大纲如表2-5所示。

表2-5 CDIO能力大纲

名称	一级纲要	二级纲要
1.技术知识和推理能力	1.1 基础科学知识	
	1.2 核心工程基础知识	
	1.3 高级工程基础知识	
2.职业技能和职业道德	2.1 工程推理和解决问题	认识和系统表述问题
		建立模型
		判断和定性分析
		不确定性因素分析
		解决方法和建议
	2.2 实验中探寻知识	建立假设
		查询相关书刊或者电子文献
		实验探索
		假设检验和论证
	2.3 系统思维	整体思维
		系统内的紧急性和交互性
		确定优先级和焦点
		决议时,权衡、判断和平衡
	2.4 个人技能和态度	主动和愿意冒险
		执着与变通
		创造性思维
		批判性思维
		自省个人的知识、技能、态度
		求知欲和终身学习
		时间和资源的管理
	2.5 职业技能和道德	职业道德、正直、责任感和负责任
		职业行为
		主动规划个人职业
		与世界工程界保持同步
3.人际交往技能:团队协作和交流	3.1 团队精神	组建高效团队
		团队工作运行
		团队成长和演变

续表

名称	一级纲要	二级纲要
3. 人际交往技能:团队协作和交流	3.1 团队精神	领导能力
		技术协作
	3.2 交流	交流战略
		交流结构
		写作交流
		电子和多媒体交流
		图表交流
		口头表达和人际交流
	3.3 外语交流	英语
		其他欧洲语言
		其他外语
4. 企业和社会的构思、设计、实施和运行(CDIO)系统	4.1 外部和社会环境	工程师的角色和责任
		工程界对社会的影响
		社会对工程界的规范
		历史和文化环境
		现实的焦点和价值观
		发展全球观
	4.2 企业及商业环境	认识不同的企业文化
		企业策略,目标和计划
		技术创业
		成功地在一个团队中工作
	4.3 构思与工程系统	设立系统目标和要求
		定义功能,概念和体系结构
		系统建模并确保目标可能达成
		项目发展的管理
	4.4 设计	设计过程
		设计过程分期与方法
		设计中对知识的利用
		学科专业设计
		跨学科专业设计

续表

名称	一级纲要	二级纲要
4. 企业和社会的构思、设计、实施和运行（CDIO）系统	4.4 设计	多体综合设计
	4.5 实施	设计实施的过程
		硬件制造过程
		软件实现过程
		硬件、软件的结合
		测试、验证、认证以及取得证书
		实施过程管理
	4.6 运行	设计和优化操作
		培训及操作
		支持系统的生命周期
		系统改进和演变
		弃置处理与产品报废问题
		运行管理

（4）专业评价方法。

专业评价从形式上分为校内评价、校外评价、标志性的成果三类。

专业评价的基本内容和过程包括审阅文件、个人和专题小组访谈、问卷调查、教师教学日志、外请专家审查、纵向比较，等等。

（5）专业的持续改进过程。

为获悉专业的现状和进步以便及时制订持续改进计划，应定期展开校内评价形成CDIO自评报告，内容包括：本专业CDIO工程教育改革回顾，本专业简介，加入试点学校后所做的主要规划和工作，上次自评报告发现的主要问题和改进计划，上次自评报告后所做的工作及主要成绩，对照CDIO 12条标准做的自评报告，自评结果分析，下一阶段的改进工作、实施思路和工作计划。

6）专业建设

（1）办学定位的概念。

办学定位是办好教育的首要核心问题。两千多年前，亚里士多德提出："在每一系统的探索中，存在第一原理，是一个最基本的命题或假设，不能被省略或删除，也不能被违反。"如果想搭建一个教育体系框架，这个第一原理就是办学定位，即需要回答"办什么样的教育"这个问题。

所谓办学定位,也可称作办学方向定位,就是一所大学对于自身办学类型和办学道路的选择,是办学各项工作的方针指引。对办学定位的描述,可以包括以下诸方面:总体目标定位、学校类型定位、办学层次定位、学科专业定位、人才培养目标定位、培养人才类型定位、服务面向定位和办学特色定位,等等。

如果把一个教育体系比作一座建筑,那么办学定位就是其桩基,办学定位的确定要立足长远、立足全局考虑。办学定位明确,学校发展就有方向感,广大师生就有自信心和凝聚力,各方面工作也就能踩到点上,确保不会走偏变样。办学定位关乎生存和发展,是一所大学办学理念的集中体现,是一所大学的灵魂和根本。只有明确、确切、稳固地确立了办学定位,其他工作才能围绕这个定位展开,全体教职员工才能拥有共同的核心价值判断和清晰的工作思路。也就是说,只有在办学定位的基础上取得成果,才能凝聚共识和力量,使每个人都能在各自的岗位上做到恰到好处并相互配合。因此,研究和确立办学定位是构建教育体系框架的前提和基础。

一旦办学定位确定了,就可以着手研究办学战略,即实现办学定位的战略选择和具体路径。如果把一个教育体系比作一座建筑,办学战略就是这座建筑的施工图和进度图,负责各项目标的具体实现方法和时间、步骤。只有办学战略清晰细致,才可真正将思想付诸行动,一步一个脚印地逼近理想目标。

根据定位理论,教育机构的办学定位还需解决竞争优势的问题,这一竞争优势也被称为办学优势。从教育系统的外部视角来看,则被称为办学特色,其体现为一所教育机构独有的办学风采,并使其与其他同类机构区别开来。办学特色展示了教育机构的基本长处和核心资产。一个学院甚至一所大学必须拥有与自身情况相契合的办学特色定位,以便于依赖其生存与发展的独特技艺。当我们说一个教育机构的办学特色鲜明时,指的是其善于利用自身优势,善于持续激发其发展潜能和创造持久进步的动力。

(2) 办学定位的相关理论。

被称为20世纪最伟大的管理学家德鲁克,提出构成所谓事业理论的三个问题:我们的业务是什么(What is our business)? 我们的业务将是什么(What will be our business)? 我们的业务应该是什么(What should be our business)? 他认为,回答了这三个问题之后才能找到真正的目标。以"我们的业务是什么?"为例,管理者的第一要务就是需要对这个问题给出答案,然后才能展开阐明组织的共享愿景、使命、价值观、宗旨、理念、政策等。通常大多组织都是在面临困境的时期才想到提出这个问题,其实这个问题应该是在"出发"之初就应该明确的。

1969年,杰克·特劳特提出了管理学领域中备受推崇的"定位"理论,并随后在其所著的《定位》《商战》《什么是战略》等经典著作中,为德鲁克所提出的三个重要问题,提供了理论支持、实践工具和最佳实践案例,从而拓展了企业战略的边界。特劳特的"定位"理论认为,企业必须以外部视角来塑造独一无二的品牌形象,深入顾客心智,明确传达"我们的业务是什么?",以此调动外界的认知力量,并在内部形成一致的配合,以达到企业资源的最佳配置。

从管理的角度来看,教育与企业经营之间存在一些共性,因此我们可以适度借鉴上述的"定位"理论。接下来,我们将试图深入理解并努力回答这些问题。我们想要找到确切答案并非易事,但思考这些问题的过程本身就具有重要价值。

问题一:我们的业务是什么?

对于一家企业而言,它所需答的是公司所提供的产品或服务给客户带来的价值是什么? 德鲁克认为,顾客购买之物,并非仅限于产品本身。严格来说,顾客所购乃是对某种需求的满足。德鲁克主张,当企业置身于竞争激烈的行业中时,应持续不断地自问"我们企业的业务是什么?"而非仅在现有业务无法持续时才思考,更应在企业获得成功之际,不断反思这一问题,如此方能事先预防。回到教育领域,则问题衍变为"我们为何办教育?"、"我们提供何种教育?"(即"我们教育产品价值为何?")、"我们如何以卓越方式施行教育,超越他人?"等一系列问题。

问题二:我们的业务将是什么?

德鲁克认为,公司宗旨和使命的定义是一个阶段性的过程。维持十年已经是常态,而要维持三十年,甚至五十年,则非常困难。外部市场、市场潜力、发展趋势、人口结构以及人口动态都是持续变化的。企业的管理者必须高度重视这些变化对公司业务的影响。

为了回答这个问题,德鲁克认为我们应该能从顾客那里找到答案。管理者需要挖掘顾客各种需求中,那些尚未得到充分满足的需求。例如,德鲁克以索尼公司通过分析顾客在郊游、野餐、露营等活动中的需求,开发出移动收音机的例子来阐述"我们的业务将是什么?"这一问题。

回到教育领域,我们同样需要回答:"我们的教育服务于谁?""我们的服务对象有哪些内在需求等待我们去满足?"

问题三:我们的业务应该是什么?

这是公司实现从现在到未来业务转变的重要思考,德鲁克以IBM公司为例进行论述。长时间以来,IBM公司定义自己的业务为数据业务,常规产品为穿孔卡及其分类设备。然而,随着电脑的出现,形势发生了变化,IBM及时提出了"我们的业务应该是什么?"的问题。结果发现,其业务不应只限于数据服务,而是需要涉及电子计算机,并由此成功开启了一个电脑巨人的传奇。当然,随着电脑硬件业务步入夕阳行业,IBM借助"我们的业务应该是什么?"的思考,再次实现了转型。回到教育领域,社会经济的日新月异的变化不断催生对人才的新需求,进而强烈要求教育不断转型升级。一个杰出的教育系统必须察觉到新时代对人才需求的变化,并迅速作出回应。

(3) 办学定位的实践。

我们在武汉工商学院计算机与自动化学院的办学过程中,充分研究了国家的产业政策和教育政策,重点顾及了学校所在地湖北省和武汉市的经济发展的人才需求,结合自身办学条件,作出了以下的办学定位。

① 总体目标定位:努力把学院建设成为以产教融合办学模式和"实训+集训+见习+实习"课程链为办学特色、有较强教学实力并具备规模化服务社会的能力,在国内同类民办高校中居先进地位的应用型本科工程教育机构。

② 学院类型定位:应用型本科工程教育现代产业学院。

③ 办学层次定位:以本科工程技术人才培养为主,条件成熟时举办专业硕士学位教育,适度考虑发展中高等职业教育和社会技能培训。

④ 学科专业定位:聚焦工科中信息技术类专业,以计算机科学技术、软件工程和自动化专业为主,稳妥增加新工科专业协同发展(需要引入跨学科教育,培养满足数字经济发展所需的复合型人才,这点在后面"学科专业建设的实践"部分会有更加详细的说明)。

⑤ 人才培养目标定位:培养学生成为爱国、爱党、爱校、守法,有良好道德、有职业理想、厚基础、重应用、强技术,具有创新精神和创业意识,适应社会需求的高素质、应用型工程技术人才。

⑥ 培养人才类型定位:培养应用型工程技术人才。

⑦ 服务面向定位:立足湖北、面向全国,服务创新型国家建设和区域经济社会发展。面向区域侧重湖北武汉行业企业生产、管理、服务第一线。

⑧ 办学特色定位:产教融合,以能力提升路径设计人才培养过程("实训+集训+见习+实习"课程链)、以评价为人才培养过程控制的核心手段。

7) 学科专业建设

(1) 利益相关者理论概述。

利益相关者治理理论最早诞生于企业管理界,由罗伯特·爱德华·弗里曼于1984年提出,它是指企业经营管理者为综合平衡各利益相关者的利益要求而进行的管理活动,后来逐步在具有利益相关者的组织中得到推广研究和应用。该理论认为,组织的利益相关者对于组织的成长和发展具有重要作用,因此,根据利益相关者的特性和利益来调整组织和利益相关者间的关系显得尤为重要和必要。利益相关者治理理论主要通过利益相关者参与组织治理而实现组织和利益相关者的共赢。

与企业不同,大学作为非营利性组织,任何个人或人群都不能对大学行使独立的控制权,大学只能由利益相关者共同控制。也就是说,大学是一种典型的利益相关者组织。

(2) 工程教育的利益相关者分析。

根据利益相关者与大学的密切程度,将大学的利益相关者分为四个层次:核心利益相关者,包括教师、学生、管理人员;重要利益相关者,包括校友和财政拨款者,如政府以及社会产业界;间接利益相关者,包括与学校有契约关系的当事人,如科研经费提供者、产学研合作者、贷款提供者等;边缘利益相关者,包括当地社区和社会公众等。

在高等教育领域中,学科专业的规划和设置涉及多方利益相关者的参与,包括政府、高校、社会产业界和大学生等。这些利益相关者可以被划分为核心利益相关者和重要利益相关者,他们各自追求不同的利益,并以独特的方式对学科专业的知识选择、结构调整和课程体系的构建产生影响,以满足自身的利益需求。作为学科专业设置的核心利益相关者,高校在其中扮演着重要角色,并展现出最强烈的参与意愿。社会产业界作为用人单位,也是学科专业设置中的重要参与者。由于学科专业设置与用人单位需求密切相关,社会产业界的参与是为了追求利润最大化。政府在学科专业设置中起着引导和决策作用。由于学科专业设置需要适应社会经济发展需求,政府和社会产业界的利益和目标是一致的。然而,在具体实践中,学科专业设置机制可能会偏向市场调控或政策导向,这将导致完全不同的结果。大学生作为直接受益者,希望自身能够全面协调和健康发展,并为个人职业生涯奠定坚实的基础,因此他们也有自己的利益诉求。然而,各利益相关者之间的力量平衡始终未能实现,这导致了许多问题出现。通过对人力资源市场研究,我们可以看到工程教育系统与利益相关者之间的关系如图2-13所示。

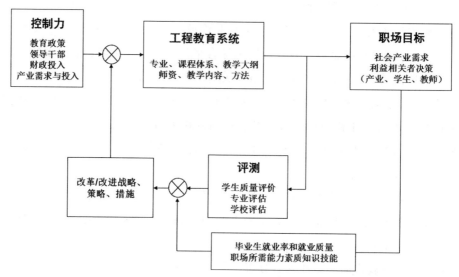

图 2-13 工程教育系统与利益相关者之间的关系

通过对图2-13的分析,我们可以发现工程教育系统的主要利益相关者及它们的投入和期待的产出,如表2-6所示。

表2-6 利益相关者投入和期待的产出

利益相关者	投入	期待的产出
政府	教育经费、教育方针/政策、干部	大学毕业生就业、社会安全/稳定、经济和产业发展、建立创新型国家、税收
产业	实习/实训机会、职场环境(软硬件)、企业专家	聘用符合职场要求的工科毕业生、产业转型/升级、研发的人才需求
学生/家长	学习费用、时间	能力/素质、就业质量、职业发展
学校	师资、管理、教育设施环境	教职工生存/发展、毕业生就业率/就业质量/杰出校友、经费/生源、知名度

(3) 学科专业设置存在的问题分析。

高校学科专业设置存在的主要问题有:学科专业设置趋同,与社会经济发展脱节,基础理论研究和人文教育弱化,公益性专业缺失。根据利益相关者理论,高校利益相关者都希望从自身的利益出发设置学科专业并拥有相应的话语权。事实是,利益相关者角色定位模糊乃至越位、错位、缺位、失位,这是高校学科专业设置问题产生的根源。

① 政府越位。尽管政府政策文件明确赋予了高校自主设置学科专业的权

力,然而,政府在高校学科专业设置中的主导作用并未改变。高校学科专业设置高度集权,需要行政层层审批,高校自主权小,学科专业设置趋同,部分专业人才培养过剩,直接导致高校毕业生结构性失业矛盾的产生。在政府主导的学科专业设置管理机制作用下,高校自主设置学科专业的主体责任意识缺失,表现为不顾自身优势与特色,无视现有软硬件条件,盲目争办热门专业,致使学科专业低水平重复建设,人才培养质量不高。

② 高校错位。为了解决这一问题,高校需要考虑三种逻辑:学科发展逻辑、社会需求逻辑和个体发展逻辑。然而,由于市场经济的压力,高校在学科专业设置方面难以做到公正。它们通常成为追求经济利益的"理性经济人",只顾投资少、收益高、见效快的专业,而忽视了学科基础条件和学生发展需求,盲目设置专业。同时,研究生学科专业设置也存在问题,过于强调本校学科发展需求,忽视了社会接受度和学生就业与发展情况,导致有些专业只是占据位置而无人问津。换言之,高校在学科专业设置上过分追求经济利益或学术利益的最大化,滥用其有限的权力。

③ 社会产业界缺位。当前高校毕业生结构性失业问题的产生,原因之一就是高校培养的人才脱离了社会产业界的需求。一方面高校培养的人才找不到工作,另一方面却是社会产业界招聘不到合适的人才,高校和社会产业界缺乏合理的对话沟通机制。事实上,目前我国社会力量基本没有或很少有参与高校学科专业设置的机会,作为重要的利益相关者,它们在高校学科专业设置和人才培养中的作用没有得到应有的重视,其利益诉求自然难以得到完全表达。

④ 大学生失位。作为学习的主体,大学生在高校学科专业设置中缺乏应有的地位。他们没有应有的知情权、选择权和参与权,不清楚所选择学科专业的就业形势和就业方向,对于不喜欢的学科专业,绝大部分学生难以重新选择。到目前为止,很多高校大学生要参与到学科专业与课程设置中也几乎是不可能的事情,其权益完全被忽视和剥夺。可以说,将大学生排除在高校学科专业设置的门外,其实是堵塞了高校学科专业设置调整的一条重要信息渠道。

(4) 学科专业设置"多元制衡"策略。

对于高校专业人才培养的规定性表达,各利益相关体从自身利益出发都希望拥有相应的话语权。高校学科专业设置不可避免地处于这种权力博弈的框架之中。政府为了实现国家整体利益,必然要对高校本科专业设置进行干预;高校学科专业设置因其自身的教育属性,需要赋予以高校专家和教师群体为代表的利益相关体自主决策的权力;社会产业界则主张把教育和国家需要、个人和社会需要紧密结合起来,使高校获得广阔的生存和发展空间;作为高校受教育的主体,学生们则把人自身的发展放到首位。然而,高校学科专业设置的历史,却往往表现为单一或少数利益相关者主导话语权,其他利益相关者话语权则处于从属甚至完全被忽视的地位。

在高校学科专业设置中,以任一利益相关者为主导都将无法体现高等教育的完整属性。将学科专业设置权完全交予高校,将导致高校学科专业设置的固化与失衡,高等教育将重返"象牙塔"的封闭自大;将学科专业设置权完全交予社会产业界,将导致高校学科专业设置的盲目和短视,以及教育教学质量的下降、基础理论的弱化和人文教育的缺失;将学科专业设置权完全交予政府,将导致高校学科专业设置趋同,特色模糊;将学科专业设置权完全交予学生,将导致高校学科专业设置处于零散、混乱无序和非专业化状态。

高校应强化内部质量保障制度建设,把"自我约束"与"自我监督"作为提高学科专业设置质量的主要手段。在学科专业设置中,高校要正确定位,主动面向市场,积极调整学科专业结构,着力突显自身优势和特色,同时要积极吸纳社会力量参与决策,以进一步提高学科专业设置的前瞻性和科学性。在为其他利益相关者提供学科专业设置相关信息的同时,应加强对学生专业选择的指导,提高专业培养质量。

学科专业的设置直接关系到学生的职业生涯发展和预期收益,对于激发高校办学活力、增强高校市场适应力和竞争力而言,大学生在学科专业选择上应当享有决策权的重要性是不言而喻的。因此,在广泛征求和直接咨询学生对于学科专业设置的意见时,必须确保学生能够根据自身能力、兴趣和需求自主选择并合理调整专业和课程。高校学科专业设置的过程,涉及政府、高校、社会产业界和学生等多个利益相关方,但在不同的发展阶段和需求下,必然存在一个主要矛盾,并且也必然会出现关键的利益相关体。当前,高校应当重视高等教育发展逻辑,引入市场机制,重点解决高校培养的人才过剩和产业界实际需要的人才短缺并存的矛盾。

(5)学科专业设置的两个关键点。

① 合理定位。自我定位是高校办学的顶层设计,是学科专业设置的前提。工科院校要坚持自己的办学定位,面向地方、基层,培养工程技术人才,扎扎实实地在这个定位上办出特色。

② 加强专业内涵建设。专业设置的初衷和目标是塑造实力、塑造特色,满足社会需求。加强专业内涵的建设是必然之路。教育部推行的"质量工程"建

设是高校应该积极参与的项目,通过贯彻实施"质量工程",提升专业设置和内涵建设水平,尤其是其中的"学科专业调整"和"特色专业建设"项目,更是高校必须精心策划和细致推进的项目。例如,实施"学科专业调整"项目时,高校需要深入研究市场,细分市场需求特征,找出"长线中的短线""热门中的冷门",及时调整专业方向。举个例子,全国高校中的英语专业和计算机专业早已"人满为患",但市场信息显示,英语专业中的同声传译人才和计算机专业中的人工智能、信息安全等人才仍然供不应求。如果能及时把握这些信息,调整专业方向,英语专业和计算机专业仍然有很大的潜力可挖掘。专业特色的建设可以考虑与从业资格紧密结合,使学生得到核心能力和综合技能的双重培养。对于学生来说,每个专业都是传统的、雷同的,但又都是现代的、独特的。培养一批"双师型"师资,引入一批长期合作的企业,采用一套培养实际能力的教学方法等,通过优化人才培养模式,使学生的核心能力和综合技能更具优势。同时,加强学科专业带头人的培养和具有高科技内涵的研发中心建设,瞄准高新技术领域,寻找突破口,为专业发展增添动力、提升后劲。

(6)学科专业建设的实践。

学科专业建设的实践是一个多维度、综合性的过程,涉及课程设计与实践、教学方法、师资队伍、科研活动和社会服务、教学管理与质量监控、交流合作等多个方面。具体实践内容如表2-7所示。

表2-7 学科专业建设的实践内容

课程设计与实践	更新课程内容:定期审查并更新课程内容,确保与当前行业标准和最新研究成果保持一致。 增加实践环节:设计实验、项目、案例分析等实践环节,提高学生的动手能力和解决实际问题的能力。 引入跨学科课程:鼓励学生选修不同学科领域的课程,培养跨学科思维和综合解决问题的能力
教学方法改革	采用主动学习教学方法:如翻转课堂、小组讨论、角色扮演等,激发学生的主动性和参与性。 利用现代教育技术:如在线课程、混合式学习、虚拟实验室等,提高教学效果和学习体验。 定期评估教学方法:收集学生和教师的反馈,及时调整和改进教学方法

续表

师资队伍建设	引进优秀人才：通过招聘、引进等方式吸引高水平教师加入团队。 提升现有教师能力：提供培训、进修等机会，帮助教师提高教学水平和研究能力。 建立良好的激励机制：提供薪酬、晋升、奖励等激励措施，激发教师的工作热情和创造力
科研活动与社会服务	鼓励科研创新：设立科研项目、提供研究经费、建立科研团队等，支持教师在科研领域取得突破。 推动产学研合作：与企业、研究所等合作开展科研项目，推动科研成果的转化和应用。 开展社会服务：组织师生参与社会服务项目，如科技支农、文化下乡等，提高学科的社会影响力
教学管理与质量监控	建立教学管理制度：制定教学计划和教学大纲，明确教学目标和要求。 实施质量监控：通过定期评估、学生反馈、同行评议等方式监控教学质量，确保教学目标的实现。 持续改进：根据质量监控结果及时调整教学策略和方法，持续提高教学质量
交流与合作	加强国际交流与合作：与国外知名高校和研究机构建立合作关系，共同开展教学和研究项目。 促进校内跨学科合作：鼓励不同学科之间的师生进行交流和合作，促进知识的交叉融合和创新。 举办学术活动和讲座：定期举办学术研讨会、讲座等活动，为学生和教师提供交流和学习的平台

8）培养目标

（1）培养目标的概念。

培养目标，即根据国家教育目标和各级各类学校的性质和任务，提出具体的培养要求。我国普通高等教育分为研究生教育、本科教育和专科教育等层次，其中研究生教育又分为博士和硕士两个层次。不同层次的高等教育对人才培养的要求是不同的。举个例子，本科教育的培养目标是熟练掌握本专业的基础理论、专业知识和基本技能，具备从事本专业工作的能力和初步的科学研究能力；对硕士研究生的要求是掌握本专业扎实的理论基础和系统的专业知识，具备从事科学研究和独立承担专业技术工作的能力；而博士研究生则需要掌握本学科扎实广泛的理论基础和深入、系统的专业知识，具备独立从事科学研究的能力，在科学或专业技术领域做出创造性成果。

培养目标是由特定社会领域和特定社会层次的需要所决定的，也随着受教育对象所处的学校类型、级别而变化。为了满足各行各业、各个社会层次的人才需求和不同年龄层次受教育者的学习需求，才有了各级各类学校的建立。各级各类学校要完成各自的任务，培养社会需要的合格人才，就要制定各自的培养目标。

教育目的与培养目标是普遍与特殊的关系。只有明确了教育目的，各级各类学校才能制定出符合要求的培养目标；而培养目标又是教育目的的具体化。教育目的是针对所有受教育者提出的，而培养目标是针对特定的教育对象提出的，各级各类学校的教育对象有各自不同的特点，因此制定培养目标需要考虑各自学校学生的特点。

(2) 中国工程教育认证中对培养目标的要求。

中国工程教育认证对培养目标的描述提及两点要求。

一是培养目标。有公开的、符合学校定位的、适应社会经济发展需要的培养目标。它是对该专业毕业生在毕业后5年左右能够达到的职业和专业成就之总体描述，应体现德、智、体、美、劳全面发展的社会主义事业合格建设者和可靠接班人的培养总目标。专业制定培养目标时必须充分考虑内外部需求和条件，包括学校定位、专业所具备的资源条件、社会需求和利益相关者的期望等。专业应通过各种方式使利益相关者（特别是专业教师）了解和参与培养目标的制定过程，在培养目标的内涵上达成共识。

二是定期评价培养目标的合理性，并根据评价结果对培养目标进行修订，评价与修订过程有行业或企业专家参与。对培养目标进行合理性评价是修订培养目标的基础工作，所谓合理性是指专业培养目标与学校定位、专业所具备的资源条件、社会需求和利益相关者的期望等内外需求和条件的符合度。专业应定期开展培养目标合理性评价，了解和分析内外需求和条件的变化，并根据变化情况修订培养目标。要求企业或行业专家参与评价修订工作，是为了保证评价和修订工作能够更好地反映行业的人才需求，使专业的人才培养工作更加符合行业需求。

(3) CDIO-OBE 工程教育模式培养目标的要求。

CDIO-OBE 工程教育模式,以 CDIO 工程教育实践为基础,借鉴、挖掘和利用 CDIO 工程教育所蕴含的指导思想与方法,结合中国工程教育认证标准,对两者进行有机整合的基础上再创新。它根据 CDIO 的目标和愿景设计培养目标,形成对学生知识、能力和态度的具体要求,这些要求符合 CDIO 的标准 2"学习目标"和标准 8"主动学习",同时符合中国工程教育认证标准 1"学生"、标准 2"培养目标"和标准 3"毕业要求"。确定培养目标的具体做法:一是利益相关者调查;二是结合自身办学定位和办学特色,确定可测评的培养标准,包括知识、能力和态度三个维度,并通过学生表现来表达。

CDIO-OBE 工程教育模式的培养目标有五个层次:一是专业层面的预期"学习结果";二是一体化课程计划;三是课程层面的预期"学习结果";四是课程层面"学习结果"的评测;五是专业层面"学习结果"的评测。具体说明如下。

①专业层面的预期学习结果的确定过程。专业层面的预期学习结果对应 CDIO 标准 2"学习目标"。这个任务是由教师、学生、工业界代表、大学审查委员会、校友和资深学者组成的利益相关者专题组所完成的。结合学校的办学定位和办学特色来确定我们的培养目标,根据 CDIO 大纲对学生四个层面能力(技术知识和推理;个人能力、职业能力和态度;人际交往能力——团队工作和交流;企业和社会环境下的构思—设计—实施—运行系统)来描述专业层面预期的学习结果。

在采用布鲁姆教学目标分类法为框架来具体描述学生在完成特定项目时应达到预期学习结果的层次时,可以将每个层次(认知过程维度)与相应的能力级别对应,与 L1(了解)、L2(理解)、L3(应用)、L4(分析)、L5(综合)、L6(评价)相结合,以清晰展示学生应达成的不同学习层次,如表 2-8 所示。

表2-8　布鲁姆分类法特定项目应达到的预期学习结果

能力要求达到的程度	涵义	举例
L1(了解)	所获得的实际信息	回忆、说出、写出等。 知道牛顿定律
L2(理解)	把握知识的意义	转化、解释、改写等。 用自己的话解释牛顿定律

续表

能力要求达到的程度	涵义	举例
L3(应用)	知识应用于新情境	计算、模拟、演示应用等。 在生活中应用牛顿定律
L4(分析)	知识分解,找联系	要素的分析(如一篇论文由几个部分构成)、关系的分析(如因果关系分析)、组织原理的分析(如语法结构分析)。 分析教材中关于牛顿定律的实验步骤和原理
L5(综合)	零碎知识整合成知识系统,强调创造能力	编写、设计等。 自己设计一个实验程序验证牛顿定律
L6(评价)	对材料做价值判断	说出……的价值、评定、证明等。 根据实验仪器的精确度和数据的误差判定实验结果的准确性

②一体化课程计划。一体化课程计划是培养个人、人际交往能力以及产品、过程和系统的建造能力的系统方法。一般来说,一体化课程计划具有以下重要特征。

它是围绕学科而进行组织的,但需要重新调整课程计划,促使学科之间有机联系和相互支持,而不是各自分离和独立。

将个人、人际交往能力以及产品、过程和系统的建造能力进行有机结合,使其形成相互支持的课程体系,减少专业学科知识与这些能力之间可能出现的矛盾。

每门课程或学习经验都规定了明确关于学科知识、个人、人际交往能力以及产品、过程和系统的建造能力的学习效果,以便为学生将来成为工程师打下良好的基础。

③课程层面的预期学习结果。课程层面的预期学习结果是通过细化到最小知识点和能力点的课程教学大纲来描述的,如表2-9所示。

表2-9 课程层面的预期学习结果描述

预期学习产出					实际学习产出			
预期学习产出				教学策略	学习产出的形成性评估		学习产出的总结性评估	
一级	二级	三级	水准		水准	证据	水准	证据
个人职业技能	工程推理和解决问题能力	发现问题和表述问题	3	要求发现水力火箭飞行的不稳定性问题和水力火箭发射高度不同等问题	2	项目讨论的过程中提出了相关问题	3	在项目报告中提出水力火箭发射不稳定以及气动阻尼未知性等问题
		估计与定性分析	3	要求对影响水力火箭发生稳定的因子进行定性分析	3	在项目讨论的过程中和设计方案中进行了相关性分析	4	在项目报告中分析了水力火箭尾翼、瓶身形状等对发射稳定性的影响
	实验发现知识	解决方法和建议(结论与表达)	3	要求能设计出一些能测量飞行高度和改变水力火箭外形的方法	3	项目讨论过程中和实验设计过程中提出设计方案	3	设计了利用恒速行驶的汽车测量弹簧拉力和通过理论与实验相结合的方法测量气动阻力
⋮	⋮	⋮	⋮	⋮	⋮	⋮	⋮	⋮

④课程层面学习结果的评价。课程层面学习结果的评价,是由老师在教学过程中设计相关的教学策略来预设系列评价点,根据评价的结果进行实际学习产出评价的,包括学习产出的形成性评价和学习产出的总结性评价。

为了做好评价工作,需准备的评价工具包括《项目设计评分量表》《项目实验评分量表》《项目团队评分量表》《项目职业素养评分量表》等。

⑤专业层面学习结果的评价。专业层面学习结果的评价,简称专业评价,包含三个方面的评价内容:校内评价;校外评价;标志性的成果。

校内评价包括毕业设计答辩、学生模拟面试、工程教育质量认证内部审核、在校生对本专业的认可度调查等。校内评价的结果可以汇总为自评报告。

校外评价包括毕业生反馈、用人单位反馈、高校同行评价、专家评价、教育主管部门的教学评价等。

标志性的成果包括就业率、就业专业对口率、考研升学率、学科竞赛成绩等。

9）一体化课程计划

（1）课程计划设计过程模型。

课程计划的设计是由两个同时进行但具有潜在相互作用的步骤开始的，即课程计划结构的设计和针对每个主题内容确定合适的教学次序。当这些结构和次序确定之后，设计的最后一步就是把次序反映到结构的各个环节当中，使得在一体化的、相互支持和协作的设计中，每个环节都对学生的学习具有明确的作用。图2-14给出了设计一体化课程计划的过程模型，设计就如图中虚线圆圈所表示的反馈环的反复过程。课程设计的持续改进和完善是由学生的学习评估结果所决定的，将随着以后预期学习效果和机构方面的变化而变化。

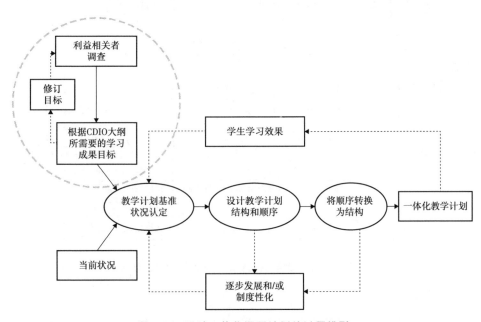

图2-14 设计一体化课程计划的过程模型

（2）一体化课程计划的设计。

在确定课程计划的内容和学习效果之后，课程计划设计的主要内容包括课程计划的结构、次序和对应关系。课程计划的结构是基于所有课程和学习经验的组织构架的,次序则规定了学习效果的适当进度,而对应关系则将预期学习效果落实到专业课和学习过程当中。

①课程计划的结构。课程计划的结构就是将课程内容和相关的学习效果融入到教学单元或课程中,从而促使课程之间产生知识性的联系。

a.课程计划结构的概念。

基于已有条件以及组织原理、总体计划和模块结构的选择,课程形成一体化课程计划结构的概念。一体化课程计划将包括多种课程,如导论性课程、学科课程、专业课程、选修课程和总结性的实践项目等。

可以用课程计划结构概念图的方式来形象化地描述课程计划的组成以及课程之间的逻辑关系,如汕头大学机电专业培养计划和课程体系如图2-15所示。

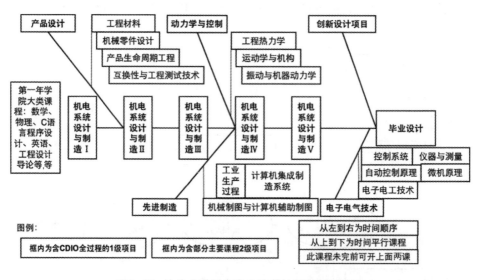

图2-15　汕头大学机电专业培养计划和课程体系

b.组织原理。

在一体化课程计划设计中,最高层的选择是课程计划的组织原理。常见的组织课程计划模式有如图2-16所示的四种,我们采取的是以学科为中心的一体化课程计划模式,整合了能力和项目的要求。采用这种模式是为了在重视学科要求的基本理论教学之外,强化工程能力的教育。

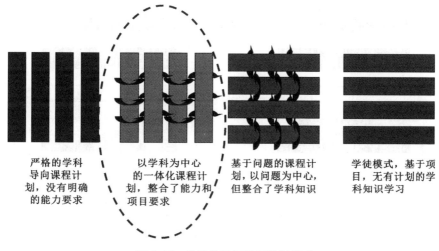

图 2-16 常见的组织课程计划模式

这里的工程能力的教育,包含三个方面的含义。

一是称为工程能力而不是"软能力":交流和团队工作需要技术知识的应用和表达,所以技术交流能力、团队精神、解决问题的能力、职业伦理等都属于工程能力。

二是创造能力成长的机会而不是增加内容:必须给学生机会培养交流能力、团队能力等,这些能力最好是通过实践、重复、给予和接受反馈的方式,而不是用讲授心理学和社会学原理的方式进行培养。

三是一体化学习不是附加能力课程:在实践中锻炼个人,人际,产品、过程和系统构建能力是应用和表达技术知识的方法。工程能力就是在这样的技术环境中培养的。

比如说,在工程中交流意味着能够做到自如地应用技术概念,在不同层次上讨论问题,确定什么是与当前的环境相关的、对概念和解决方案表达赞同或反对,从前一轮和合作策划中得到理念,对不同的听众解释技术问题,在自己的领域表现自信。

c.总体计划。

任何一个课程计划设计都需要有一个总体计划,以便于将学科内容和学习效果整合到课程计划中。如图 2-17 所示从左到右描述了一个学年中的两个学期,其中黑色阴影部分表示能力方面的教学,整合程度最大的是一体化模型。

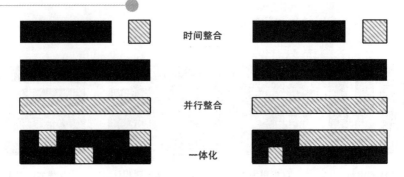

图 2-17　学科内容和学习效果的整合模型

第一个总体计划是"时间整合"模型,这个模型会留出一块时间用于对项目和能力进行强化;第二个总体计划是"并行整合"模型,它是围绕项目和能力把一个或几个学期的一段学习经历组织起来,其中学科内容和能力是并行讲授的;第三个总体计划是"一体化"模型,它把个人基本能力、人际交往能力以及产品、过程和系统的建造能力的学习过程全部整合到学科课程当中了。

一体化课程计划遵循CDIO标准3"一体化教学计划"和标准7"综合性学习经验"。

d.课程群结构。

课程计划是由具有小时时间长度的教学单位或课程组成的,传统课程计划结构中,课程之间通常唯一可知的联系是由预备知识的条件所决定的,也就是说,课程必须严格地按照次序来开设。有时候,大学允许并修课程,即有些课程必须在某些课程前或与其他课程在同一学期开设,它们之间存在着较弱的时间结构联系,而且这些联系不一定能反映出课程对学习主题内容的真正整合。

对于一体化课程计划的设计,在普通高校现有政策和规定的条件下,课程计划的设计者已经建立了一些使课程计划结构更加灵活的方法。课程计划结构包括:传统型结构,顺序型结构,方块型结构,总线型结构,连接或合并型结构,同步型结构,如图2-18所示。

顺序型结构:该结构是把分配给两门课程的实践和内容紧密地整合到两个连贯的学期中。两个教师作为一个团队在两个学期中交替教学,这样可以使其对整个过程有一个更为全面的看法。

方块型结构:该结构可以使分配的两个课程的时间和内容结合到一个课程中,一个教师就可以负责一门整合后的课程。或在更多情况下,两个或更多的教师以密切的合作关系共同授课。这个结构使得许多学科之间发生联系,即课程之间的联系使得主题内容中的学习经验变得更加灵活和普遍。

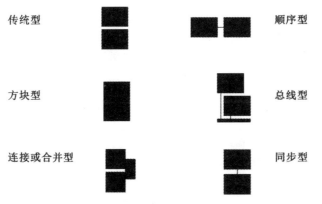

图 2-18 课程计划结构

总线型结构:它是将两门或更多的课程所分配的时间的分转化为一种起连接作用的知识元素,其作用如同课程中的"总线"。这个总线可以是一个项目,也可以是一系列一体化课程或讨论会。

连接或合并型:这种结构中学科联系的紧密性几乎和方块型结构一样,两个教师在每个学期开始时各自独立教学,到一定时间再将两门课程合并起来,并继续开展教学工作。当一个设计项目或期末项目需要两门课程的知识时,团队的合作是最有效果的。

同步型结构:该结构的联系是最弱的,在这种结构中,两个教师负责讲授两门彼此无关的并行课程。通过良好的沟通与合作,他们指出在实际中一门课程的学习情况是怎样影响到另一门课程的。

②课程计划内容和学习效果的次序。次序是学生学习进程的顺序,如果次序安排得当,学习将按照以下模式来进行:一次学习经验是建立在前一次学习经验的基础之上的,并进一步得到加强。

对学生高水平的要求通常包括诸如设计、沟通和团队协作能力等方面的某些复杂能力,这些能力必须通过专业中的多门课程来培养。以培养交流能力为例,麻省理工学院航空航天专业课程计划中关于"交流"的培养如表2-10所示。

表2-10 麻省理工学院航空航天专业课程计划中关于"交流"的培养

顺序	映射
撰写个人结构性的短报告、作草图、图示,简单人际交流	统一工程(16.01~16.04)
撰写并报告个人或小组短报告,如实验报告	热工学(16.05),控制学(16.06)动力学(16.08)

续表

顺序	映射
使用专业图示交流	专业类课程
撰写会议水平大型个人或小组报告,会议水平演示合作报告运用适当研究资源,根据听众类别采用适当交流战略	实验方法(16.621~16.622),高级课程(16.821~16.822,16.830~16.832)
撰写作为简介用的大型合作报告,演示会议水平合作报告,运用适当研究资源,根据听众类别采用适当交流战略	高级课程(16.821~16.822,16.830~16.832)

瑞典皇家工学院车辆工程专业课程计划中关于交流能力培养的学习进程路线如表2-11所示。

表2-11 瑞典皇家工学院车辆工程专业能力培养的学习进程路线

学习进程路线——瑞典皇家工学院车辆工程专业						
	一年级		二年级		三年级	
3.2.3文字交流	导论课程	力学	力学	热力学	控制理论	有限元单元
	数学	数学	固体力学	数学	电力工程	学位论文
3.3.3英语交流	物理	数值方法	产品开发	流体力学	统计学	
				声学与振动	信号与分析	优化

③课程计划与学习效果的对应。课程结构和学习次序形成之后,就可以规划学习效果。对课程计划进行转换,可以得到一个课程计划与学习效果的矩阵,如表2-12所示。其中纵轴为CDIO大纲对应的能力要求,横轴列出了课程计划中的每门课程,在表格的适当位置填上每个要整合到课程计划中的主题内容,这个主题内容主要是通过对利益相关者的调查所得到的学习次序和需要掌握的程度来确定其适当的填充位置。

表2-12 课程计划与学习效果的矩阵

课程	1	2	3	4	5	6	7
1.1 相关科学知识							
1.2 核心工程基础知识							
1.3 高级工程基础知识							
2.1 工程推理和解决问题的能力							

续表

课程	1	2	3	4	5	6	7
2.2 实验和发现知识							
2.3 系统思维							
2.4 个人能力和态度							
2.5 职业能力和态度							
3.1 团队合作							
3.2 交流							

(3) 一体化课程计划与现代质量管理的一致性

一体化课程计划与实施符合PDCA循环比较,如图2-19所示。

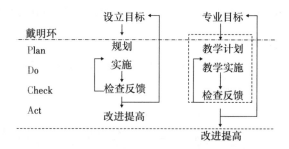

图2-19　一体化课程计划与PDCA循环比较

可见一体化课程计划与现代质量管理高度一致,所以可以引入现代质量管理的先进理论、成熟方法和工具来管理一体化课程计划的实施。

10) 教学大纲

CDIO-OBE工程教育教学大纲列出了一系列知识、能力和态度的学习目标,这些目标是根据当代工程实践的准则推理出来的,包含了各种已知的能力,并由众多领域的专家评审而确定。

(1) 教学大纲的内容和结构。

前文中我们已经说明了CDIO教学大纲具备"复杂工程问题"属性,完全覆盖并高于中国工程教育认证要求,也就是说它的教学要求和标准是高于中国工程教育认证标准的,所以CDIO-OBE工程教育教学大纲采用了CDIO教学大纲的内容和结构。

CDIO教学大纲的内容和结构的选择主要基于以下三个目标。

第一个目标是创建一个基本原理非常清楚的结构。

第二个目标是获得一个与其他资源相关的全面的高层目标集。

第三个目标是得到一种清晰、完整而且一致的标题集以便于实现和评估。

（2）教学大纲的开发和整合。

如图 2-20 所示，说明了从需求到目标的 CDIO 教学大纲的制定过程，以及针对专业目标制定专业大纲的过程和将专业目标整合到课程计划中的过程。

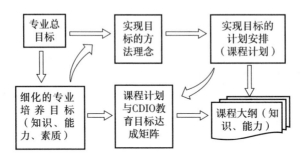

图 2-20　CDIO 教学大纲、专业大纲、将专业目标整合到课程计划中的制定过程

课程计划和教学大纲的推导过程如下。

第一步，根据培养目标整理出课程计划表，绘制出课程计划与 CDIO 教育目标达成矩阵，如图 2-21 所示。

课程	学分	课程性质	1.技术知识和推理					2.个人与职业能力					3.团队工作和交流能力			4.在企业和社会环境下构思-设计-实施-运行					
			1.1数学、物理、生物等基础科学知识	1.2力学、电学等核心工程基础知识	1.3机械原理、设计制造专业工程基础知识	2.1机电产品研发过程的工程	2.2机电产品运行实验和发现	2.3机电产品全系统的思维整合	2.4系统工作中的个人能力和态度	2.5系统工作中的职业能力和态度	3.1机电产品研发团队中的有效团队工作	3.2不同文化使用多种外语的有效交流	3.3跨越人文、工程、经济和社会的综合视野	3.4机电产品研发的有效工作和探索	3.5	4.1大系外部和社会背景环境	4.2复杂企业与商业环境	4.3机电新产品或新系统的创意与构思	4.4机电产品或系统的设计	4.5机械或机电控制系统的实施	4.6机电产品全寿命期的运行
第一学年																					
秋季学期																					
MAT1110高等数学Ⅰ	6	必修	3				2	2													
ENC9105工程设计导论	2	必修	2	2	1	3	3	2	1	2	3	3	3			1	2	2	2	1	1
CST991C语言程序设计	2	必修	3	4												1	1				
ENC9110化学导论	1	必修	2				2	3													
ENC9120生物学导论	1	必修	1			1				1	2	2	2	2							
COM1011计算机应用技能	2	必修	4						2		2	2	1	2							
毛邓三	6	必修					2	2	3	3											
英语	4	必修	4						2			4									
体育	1	必修							2												
本学期必修学分小计	25																				
春季学期																					
MAT1210高等数学Ⅱ	6	必修					2	2					2	2							
MAT1130线性代数	2	必修	3				2						2								
PHY1030普通物理学	4	必修	3	2		1	3	2													
PHY1000普通物理实验	2	必修	3			1	2	2													
MEC9500机械制图与计算机辅助制图	4	必修		4	3		2									2	3	3	2		
英语	4	必修	4					2													
体育	1	必修					2	3	2	2											
形势与政策	2	必修				2		2	3	3											
公共课或者通识课自选		必修																				
本学期必修学分小计	22																				

图 2-21　课程计划与 CDIO 教育目标达成矩阵

第二步,每门课程根据CDIO教学大纲要求细化到知识点和能力点。课程与专业培养标准匹配的矩阵,如图2-22所示。根据CDIO教学大纲要求分解后的包含知识点、能力点及教学策略的教学大纲,如图2-23所示。

课程/项目	培养标准					
	1.技术知识和推理	2.个人能力、职业能力和态度		3.团队工作与交流		
	1.2核心工程基础知识	2.1工程推理和解决问题 2.1.1发现问题与表述问题	2.3整合思维 2.3.1批判思维 2.3.3系统思维 2.3.3创造思维	3.1团队工作 3.2组建团队 3.3团队运行 3.4团队成长与演变……	⋮	⋮
⋮	⋮	⋮	⋮	⋮	⋮	⋮
《工程设计导论》	⋮	水准1(认知)	水准1	水准1	水准1	
《工程热力学》		水准3(应用)	水准2(理解)	水准2(理解)	⋮	
⋮		水准4(分析)	水准4(分析)	水准4(分析)	水准3	
能力/知识训练次数		15	20	20	8	
能力/知识最高水准		水准4(分析)	水准4	水准4	水准4	

图 2-22　课程与专业培养标准匹配的矩阵(分解前)

知识点			掌握精度	教学策略
一级	二级	三级		
工程热力学	热力系统	热力学状态参数、理想气体及状态方程式、理想气体比热容、理想气体混合物	2	讲授
		热力系统的存储能、热力学第一定律的实质、闭口系统的热力学第一定律表达式	3	讲授
		热力学第二定律	3	讲授
		水蒸气的产生过程,水蒸气的状态参数,湿空气的性质,湿空气的基本热力过程	3	讲授
⋮	⋮		⋮	⋮

能力点				掌握精度	教学策略
一级	二级	三级	四级		
个人职业技能	工程推理和解决问题能力	发现问题和表述问题(提出问题)	评估水力火箭发射数据和问题表象	2	探究式项目
			分析假设和偏差源	3	探究式项目
			制定解决方案	2	探究式项目
		估计与定性分析	估计量级、范围、趋势	2	探究式项目
			应用实验验证一致性和误差	3	探究式项目
⋮	⋮	⋮			

图 2-23　根据CDIO教学大纲分解后的包含知识点、能力点及教学策略的教学大纲

图2-23所示教学大纲中,知识点的一级对应CDIO教学大纲中的"1.技术知识和推理",二级对应CDIO教学大纲中的"1.1、1.2、1.3",三级对应课程的最小化知识点。能力点的一级对应CDIO教学大纲中的"2.个人能力、职业能力和态度",二级、三级对应CDIO教学大纲中"2.个人能力、职业能力和态度"的二级、三级分类,四级对应课程最小化的能力点。

(3) 教学大纲的验证。

根据CDIO教学大纲分解后的教学大纲可以通过前述的"课程计划与CDIO教育目标达成矩阵"来验证其是否符合CDIO教学大纲标准,同时绘制毕业要求与课程支撑关系对应矩阵作为通过中国工程教育认证的支撑文件备用,如图2-24所示。

序号	课程属性	课程名称	1 工程知识			2 问题分析			3 设计/开发解决方案			4 研究			5 使用现代工具			6 工程与社会			7 环境和可持续发展			8 职业规范			9 个人和团队			10 沟通			11 项目管理			12 终身学习	
			1-1	1-2	1-3	1-4	2-1	2-2	2-3	3-1	3-2	3-3	4-1	4-2	4-3	5-1	5-2	5-3	6-1	6-2	7-1	7-2	8-1	8-2	8-3	9-1	9-2	10-1	10-2	11-1	11-2	12-1	12-2
1	通识教育课	马克思主义基本原理																					H	L								H	M
2	通识教育课	中国近现代史纲要			L														H		H		L	M									
3	通识教育课	思想道德与法律基础																							M									
4	通识教育课	毛泽东思想和中国特色社会主义理论体系概论 I																					H	H								M	M
5	通识教育课	毛泽东思想和中国特色社会主义理论体系概论 II																					H	H								M	M
6	通识教育课	形势与政策 I																	H		M		L	M									

图2-24 毕业要求与课程支撑关系对应矩阵

11) 教学设计

在对基础教育理论的学习和研究之后,我们迫切需要一套契合这些理论的实践方法。经过多年的自我探索和对国际上多种先进教学模式的对比研究,我们发现,"CDIO的教与学"正是我们所需要的,所以它被我们完全采纳并付诸行动。

但我们的实践不是邯郸学步,我们在充分吸收"教与学"中的一体化学习、主动学习和经验学习的基础上,结合IT工程项目研发的特性和我们过去多年积累泛IT人才培养的经验,提出了经过实践证明行之有效的"CDIO-OBE教学模式",设计了人才成长的路线、阶梯和过程控制方法。

下面分别介绍指导我们工作的基础教育理论、CDIO-OBE教学模式和PDCA循环与教学内循环。

(1) 基础教育理论。

①建构主义学习理论。建构主义心理学被视为"教育心理学的一场革命",兴起于20世纪80年代。建构主义学习理论来源于认知加工学说,以及皮亚杰、维果茨基、布鲁纳等人的思想。建构主义学习理论认为,学习是个体在原有知识经验基础上,积极主动地进行意义建构的过程,即根据自己的经验背景,对外部信息进行主动的选择、加工和处理,从而获得自己的意义。

建构主义的基本观点有知识观、学生观、学习观和教学观、教师观。

知识观:建构主义对知识的客观性和确定性提出了质疑,强调知识动态性。具体表现有三个方面。一是知识并非对现实的准确反映,而是一种解释和假设;它不是问题的最终答案,而是会随人类进步而不断改正和补充。二是知识不能以普遍规律来概括世界,需要根据具体情境进行创造和适应。三是知识无法于个体之外存在,虽然我们通过语言赋予了知识一定的形式,但学习者仍会根据自己的经验背景构建个人的知识体系。

学生观:强调学生的丰富体验和差异,以及其巨大的潜能。具体表现有两个方面。一是建构主义认为学生需要拥有丰富的体验,强调他们的潜能,不是空白状态。二是强调每个学生体验世界的差异性,每个人拥有独特的兴趣和认知风格。教师应重视学生的经验,将其作为新知识的起点,引导学生从已有的知识中创造新的经验。

学习观:建构主义学习观强调学习的主动建构性、社会互动性和情境性三个方面。

学习的主动建构性:学习不是被动地接收教师传递的知识,而是学生主动建构自己的知识;学习者不是被动的信息接收者,而是主动的知识建构者。

学习的社会互动性:学习者和学习环境都不是孤立存在的,学习是通过参与社会文化活动来内化相关知识和技能的过程;这种过程通常是通过学习共同体中的合作互动来完成的。

学习的情境性:建构主义强调学习知识和技能的情境性。它认为知识不能脱离具体的活动情境而存在,知识存在于具体的、情境化的、可感知的活动中。只有通过实践活动,人们才能真正理解知识。因此,学习应该与情境化的实践活动相结合,通过参与社会实践逐渐掌握相关的社会规则、活动程序等,并形成相应的知识。

教学观:由于知识的动态性、相对性和学习的建构过程,教学不再是传递客观而确定的现成知识,而是激活学生原有的相关知识经验,促进知识经验的"生长",促进学生的知识建构活动,以实现知识经验的重组、改造和转换。

教师观:建构主义把教师看成是学生学习的帮助者和合作者。在教学活动中,教师通过帮助和支持,引导学生从原有知识经验中"生长"出新的知识经验,为学生的理解提供梯子,使学生对知识的理解逐步深入;帮助学生形成思考和分析问题的思路,启发他们对自己的学习进行反思,逐渐让学生对自己的学习能够自我管理、自我负责;创设良好的、情境性的、富有挑战性的、真实的、复杂多样的学习情境,鼓励并协助学生通过实验、探究、讨论、合作等方式学习;组织学生与不同领域的专家或实际工作者进行广泛的交流,为学生的探索提供有力的社会性支持。

在这些基本观点指导下,教育学家们提出了不同的教学模式,其中主要的教学模式包括支架式教学、抛锚式教学、随机通达教学等三种。

支架式教学。基本思想是教学应当为学习者建构对知识的理解提供一种概念框架。这种框架中的概念是为发展学习者对问题的进一步理解所需要的,为此,事先要把复杂的学习任务加以分解,以便于把学习者的理解逐步引向深入。在这里,建构主义借用建筑行业中使用的脚手架作为上述概念的形象化比喻,其实质是利用上述概念作为学习过程中的脚手架,通过这种脚手架的支撑作用把学生的智力提高到一个更高的水平,如图2-25所示。苏联心理学家维果茨基的"最近发展区"理论是其重要理论渊源。

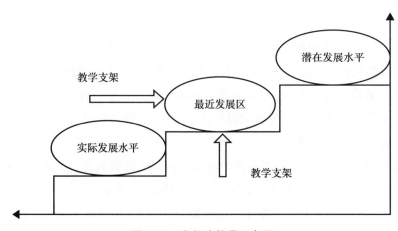

图2-25 支架式教学示意图

教学程序:搭建支架;进入情境;进行探索;合作学习;效果评价。

抛锚式教学。抛锚式教学是建立在真实事件或问题上的教学方法。它要求教学建立在有感染力的真实事件或事实问题的基础上,这些事件或问题被比喻为抛锚,一旦确定,整个教学内容和过程也就确定了。因此,情境性教学又被称为抛锚式教学,如图2-26所示。建构主义者认为,学习者要想对所学知识进行意义建构,并达到对知识所反映事物的性质、规律以及不同事物之间联系的深刻理解,最好的方法是让学习者亲身到真实世界的环境中感受和体验。

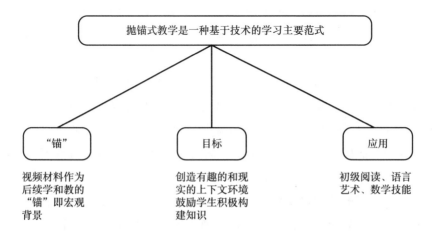

(融智学著作者邹晓辉把自己理解的"抛锚式教学"做此可视化展示。)

图2-26 抛锚式教学

抛锚式教学的操作程序包括以下几个步骤:首先是创设情境,为学习者提供一个有意义的背景,激发他们的学习兴趣;然后确定问题,让学习者明确面对的具体问题或任务;其次是自主学习,学习者在教师的引导下自主地探索和研究问题;再次是合作学习,学习者与他人合作,共同解决问题,交流和分享学习成果;最后是效果评价,对学习者的学习成果进行评估,反馈和调整教学过程。

通过抛锚式教学,学习者能够更好地理解和应用所学知识,深入探究学科知识的本质和规律。这种教学方法注重学习者的实际应用和体验,帮助他们积极参与学习,建构知识的意义。

随机通达教学。这是由美国学者斯皮罗在其认知弹性理论(cognitive flexibility theory)的基础上提出的,是指学习者可以随意通过不同途径、不同方式进入同样教学内容的学习,从而获得对同一事物或同一问题的多方面认识与理解。随机通达教学具有以下三大特点:认知性,体现在多次进入的过程中并不是简单地重复,而是伴随着新知识的建构而进入;灵活性,体现在学习者可以根据自己的实际情况随意进入或退出网络学习;多元性,表现在学习的渠道多元,方式多元。

教学程序:呈现基本情境;随机进入教学;思维发展训练;小组合作学习。

建构主义理论在教学中衍生出了下列典型应用。

认知学徒制。由美国认知心理学家柯林斯和布朗等人于1989年提出,认知学徒制是一种有效的教学模式和学习环境,旨在促进学习者获得高级思维技能和知识迁移。它包括四个基本构元:内容、方法、序列和社会性。将这四个构元结合起来,可以为创设有效支持认知学徒制的学习环境提供有价值的思维框架。

内容方面,认知学徒制包括学科领域知识、启发式策略、控制策略和学习策略。方法方面包括建模、指导、搭建"脚手架"、拆除"脚手架"、清晰表达、反思和探究。序列方面,认知学徒制注重知识技能的复杂性递增、多样性递增,以及全局技能先于局部技能的策略。社会性方面,包括情境学习、社会性交互、专家实践文化、内部动机激发,以及合作和竞争。

认知学徒制的教学程序包括以下三个步骤:首先是示范,教师向学习者展示正确的做法和思维过程;其次是指导(训练),教师通过引导和辅助学习者实践,帮助他们逐步掌握技能和知识;最后是隐退,教师逐渐减弱对学习者的支持,让他们独立应用所学的技能和知识。

通过认知学徒制,学习者能够在真实场景中参与实践,并从教师和其他学习者的合作和交互中获得支持和激励。这种教学模式注重学习者的主动参与和思考,培养他们的高级思维技能和解决问题的能力。

探究学习。探究式科学教育(inquiry based science education)起源于美国,是一种以学生为中心的教学方法,促使学生通过实际操作、问题发现、实验、调查等探索活动来主动参与学习。与传统的演绎式教育相比,探究式学习强调学生在教学情境中的互动参与,使他们能够亲自参与物体和自然现象的发现、观察与实验,从而更好地理解科学概念和原理。

探究式学习的目的是培养学生的好奇心、学习兴趣和学习能力。学生通过实际操作和观察,能够直接感受和体验科学现象,激发他们的好奇心和想象力。通过主动参与探索活动,学生能够学习到重要的科学概念和概念之间的联系,并培养自主学习和解决问题的能力。同时,探究式学习也能够促进学生的合作与交往能力,提高他们的语言表达和沟通能力。

探究式学习的教学程序包括以下步骤。

发现问题：学生观察和思考，提出自己感兴趣的问题或疑惑。

选定研究课题，形成研究假设：学生选择一个具体的研究课题，并提出相应的研究假设。

对选定的课题进行论证：学生通过收集和分析相关信息，验证研究假设的可行性。

设计研究计划：学生制订研究的具体步骤和方法，并确定所需的资源和材料。

实施研究：学生按照计划进行实验、调查或其他相关活动，收集数据和信息。

得出结论，撰写研究报告：学生根据实际研究结果得出结论，并撰写研究报告，展示他们的研究过程和成果。

总之，探究式学习是一种有效的学习方式，它能够激发学生的学习兴趣和动机，提高他们的学习效果和成就，培养他们的批判性思维、解决问题能力和创新意识。在科学教育中，探究式学习的应用能够使学生更好地理解科学概念和原理，并培养他们的科学素养。

②合作学习。合作学习（cooperative learning）是20世纪70年代初兴起于美国，并在70年代中期至80年代中期取得实质性进展的一种富有创意和实效的教学理论与策略。合作学习是指学生为了完成共同的任务，进行有明确责任分工的互助性学习。合作学习鼓励学生为集体的利益和个人的利益而一起工作，在完成共同任务的过程中实现自己的理想。合作学习是一种结构化、系统化学习策略，由2~6名能力各异的学生组成一个小组，以合作和互助的方式从事学习活动，共同完成小组学习目标，在促进每个人的学习水平的前提下，提高整体成绩，获取小组奖励。

合作学习的理论基础是目标结构理论，它是多伊奇在勒温的群体动力学理论基础上提出来的，他认为在团体中，对个体达到目的奖励方式的不同，导致在达到目标的过程中，个体之间的相互作用方式也不同。多伊奇将这些方式分为三种，即相互促进方式、相互对抗方式、相互独立方式。这些不同作用的方式对个体的心理过程和行为产生不同的影响。

③文化教育学。最早提出主动学习主张的是文化教育学，又称精神科学教育学。这种教育学说自19世纪末开始在德国兴起，其代表人物主要包括狄尔泰、斯普兰格、利特等。他们认为，人是一种文化存在，人类历史是一种文化历史，而教育过程则是一种历史文化过程。在这个过程中，教育活动应当建立在

学生主观能动性的充分发挥上。教育的研究不能仅仅采用赫尔巴特纯粹的概念思辨方式,也不能依靠实验教育学的数量统计方法,而必须采用精神科学或文化科学的方法(即理解与解释的方法)来进行。教育的目的在于促使社会历史的客观文化向个体的主观文化的转变,并将个体主观世界引导到博大的客观文化世界,从而培养完整的人格。其主要途径是"陶冶"与"唤醒",发挥教师和学生的积极作用,建构和谐对话的师生关系。

在文化教育学理论的基础上,专家学者们延伸出更加准确的主动学习理论。

主动学习本质上是视学习为自己的需要和愿望,坚持不懈地进行自主学习、自我评价、自我监督,必要的时候进行适当的调节,使自己的学习效率更高、效果更好。当然,不是每个人都是天生的爱学习者,所以培养主动学习的习惯,有时候也需要别人的提醒和帮助。教育的功能、教育的目的、人的目的、人本主义的目的、与人有关的目的,在根本上就是人的自我实现,是丰满人性的形成,是个人所能达到的最高的发展。尽管每个人自我实现的程度不同,但教育应该做到的就是帮助人达到最佳状态,尽可能地发挥每个人的潜能,主动学习方法有利于学习者的个性化发展。

(2) CDIO-OBE 教学模式。

CDIO-OBE 教学模式主张"以能力提升为主线,不断优化过程;以评价为核心手段,实现过程控制"。

在教学过程中,各个专业均有对应的学习地图,大的学习地图可以分解成小的学习地图,不可分解的学习地图由课程组成。课程由多节课组成,一节课又可以分解成多个小节。

在生产环节中,要完成的每一件事,即可视同为完成一个项目,每个项目又可以分解成多个任务。

偏教学环节习惯使用教学相关术语,偏生产环节习惯使用生产相关的术语。实际上,教学与生产过程中使用的相关术语可以一一对应并抽象为同一个概念。

教学相关术语有:学习地图、课程、课、小节。

生产环节相关术语有:项目、子项目、任务、子任务。

实训、集训偏教学,习惯使用教学术语;见习偏生产环节,习惯使用生产用语。

武汉工商学院计算机与自动化学院计算机科学与技术专业的学习地图如图 2-27 所示。

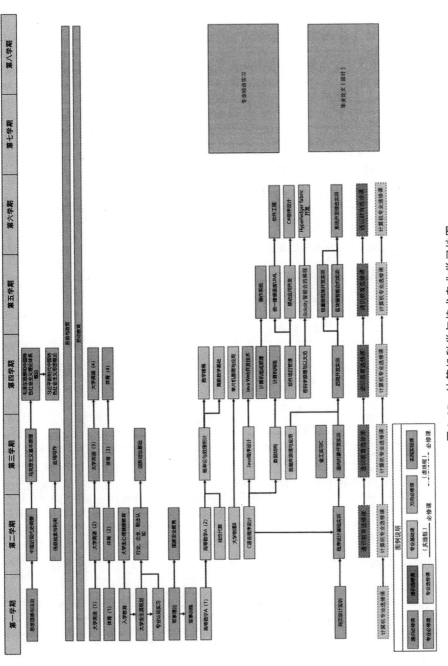

图2-27 计算机科学与技术专业学习地图

武汉工商学院计算机与自动化学院计算机科学与技术专业、软件工程专业基础课程如表2-13所示，专业课程如表2-14所示。

表2-13 学科专业基础课程

课程类别		课程编号	课程名称	学分数	教学时数			开课学期	备注
					总计	讲授	实验	实践		
学科专业基础课程	必修	1491	高等数学1	4	64	64			3	
		1492	高等数学2	4	64	64			4	
		5342	线性代数	3	48	48			4	
		228	C语言程序设计	4	64	32	32		1	
		4312	数据结构	4	64	40	24		3	
		3151	离散数学基础	3	48	48			3	
		2631	计算机网络	3	48	32	16		3	
		2622	计算机组成原理	3	48	32	16		4	
		711	操作系统	3	48	32	16		4	
			小计	31	496	392	104			
	选修	2618	计算机导论	1	16	8	8		1	最低选修11学分
		90399	JavaScript程序设计	4	64	40	24		2	
		4431	数字逻辑	3	48	32	16		2	
		2931	概率论与数理统计	3	48	48			4	
		452	XML技术	2	32	16	16		5	
		10441	React程序设计	3	48	32	16		5	
		10651	模式识别及应用	2	32	28	4		5	
		2623	计算机体系结构	2	32	24	8		6	
		10431	React Native开发技术	3	48	24	24		6	
			小计	11	176	128	48			
			合计	42	672	520	152			

表2-14 专业课程

课程类别		课程编号	课程名称	学分数	教学时数				开课学期	备注
					总计	讲授	实验	实践		
专业课程	必修	4812	网页设计与制作	3	48	24	24		1	
		331	Java程序设计	3	48	32	16		3	
		4332	数据库原理与应用	3	48	32	16		3	
		313	Java Web开发技术	3	48	32	16		4	
		10901	软件工程	3	48	40	8		5	
			小计	15	240	160	80			
	选修	10641	密码学原理与以太坊	2	32	20	12		3	区块链方向必修
		10451	Solidity智能合约编程	2	32	16	16		4	
		10401	Hyperledger fabric开发	3	48	24	24		5	
		10751	统一建模语言UML	2	32	24	8		4	软件开发方向必修
		5807	移动应用开发	3	48	32	16		5	
		192	C#程序设计	2	32	16	16		6	
		7522	人工智能概论	1	16	16			4	最低选修9学分
		4543	算法设计与分析	2	32	24	8		4	
		6493	软件项目管理	3	48	32	16		5	
		981	单片机原理及应用	3	48	32	16		5	
		354	Linux操作系统	2	32	24	8		5	
		7297	Python程序设计	3	48	32	16		5	
		2651	计算机专业英语	2	32	32			5	
		10631	计算智能及应用	3	48	32	16		6	
		6053	云计算技术	2	32	16	16		6	
		10461	大数据技术	2	32	16	16		6	

续表

课程类别		课程编号	课程名称	学分数	教学时数			开课学期	备注
					总计	讲授	实验	实践	
专业课程	选修	3778	软件测试与质量保证	3	48	32	16		6	最低选修9学分
		10701	软件架构与设计模式	2	32	24	8		6	
			小计	16	256	184	72			

武汉工商学院计算机与自动化学院课程结构模板如表2-15所示。

表2-15 课程结构

			授课	实训
课程结构	专业		√	
	课程		√	√
	课程类型标签		√	√
	节次	学习节次	课表统一设置	课表统一设置
		练习节次	系统推送/自由进行	系统推送/自由进行
		实践节次	课表统一设置/自由练习	课表统一设置/自由练习
		测评节次	独立设置时间点及时长	独立设置时间点及时长
		过程记录	可选	可选
	知识点		关联节次	关联节次

(3) PDCA循环与教学内循环。

全面质量管理的思想基础和方法依据的就是PDCA循环。PDCA循环的含义是将质量管理分为四个阶段,即Plan(计划)、Do(执行)、Check(检查)和Act(处理),如图2-28所示。在质量管理活动中,要求把各项工作按照作出计划、计划实施、检查实施效果,然后将成功的纳入标准,不成功的留待下一循环去解决。这一工作方法是质量管理的基本方法,也是企业管理各项工作的一般规律。

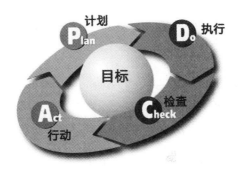

图2-28　PDCA循环

①阶段循环。产教融合肯定要将企业管理的有关概念和经验引入教学,把"学员能胜任泛IT技术工作"作为目标,那么整个学员的培养过程就可看成PDCA循环。学习地图、课程安排可看成计划,教学过程可看成执行,评价可看成检查,调整教学方案看成处理行动。阶段循环中的评价称为阶段评价。

②内循环。如果把一节课中"学生都能成功掌握某种知识或技能"作为目标,则教案就可看成计划,授课看成执行,评价看成检查,修改教案看成处理行动。形成教案和修改教案在课外完成,评价贯穿在所有环节;课程或任务内部由讲授、评价组成,并形成内循环。内循环中的评价称为内循环评价。我们武汉工商学院计算机与自动化学院有许多有特色的实训课,实训课分成3个模块教学,即讲授、实训、评价,具体说明如表2-16所示。

表2-16　实训课评测表

模块	说明	子模块	子模块说明
讲授	将需要学习的内容汇聚于此,让用户灵活、自由、便捷、随时随地就能获取自己所需要的课程内容,并且能够直接跳转到对应的练习、实践,以及课程对应的自由考试和常规考试页面	节次简介	节次目标
			节次学习方法、目的
		资料和直播播放器	
		学习资料	
		知识点	查询接口
			列表内容
		互动窗口	
		评分窗口	评分

续表

模块	说明	子模块	子模块说明
讲授	将需要学习的内容汇聚于此,让用户灵活、自由、便捷、随时随地就能获取自己所需要的课程内容,并且能够直接跳转到对应的练习、实践,以及课程对应的自由考试和常规考试页面	评分窗口	备注
		操作形式	页面查看
			手机查看
		节次练习接口	
		节次实践接口	
		调课	
		课程维护	
实训	实操试题汇聚于此,让用户通过不断的上机实操,来掌握动手写代码和做开发的能力	实践简介	实践目标
			实践目的
		实操试题	
		实操数据统计	实践量
			实践进度
			完成计时基准线
			最小完成计时
			总计时
		在线编程	编码
			执行
			停止
			预览
		操作形式	页面操作
		线上人工阅卷	评价
			得分
			备注
		直播弹窗	
		答案及解析	
		知识点查询接口	

续表

模块	说明	子模块	子模块说明
评价	测评的主要作用,是通过标准化的测试体系,用成绩及其他数据来量化用户的能力,并且给出对应的评价	测评简介	测评目标
			测评目的
		试卷类型	自由试卷
			考试试卷
		整卷试题	理论试题
			实操试题
			项目试题
			分数
		测评数据统计	理论数据统计
			实操数据统计
		理论题系统阅卷	
		实操题人工阅卷	
		项目题评分标准	
		答案及解析	
		操作形式	页面操作

12) 教学评价

在泰勒出版的《课程与教学的基本原理》一书中,他开宗明义地指出,开发任何课程和教学计划都必须回答以下四个基本问题。

第一,学校应该试图达到什么教育目标?(What educational purposes should the school seek to attain?)

第二,提供什么教育经验最有可能达到这些目标?(What educational experiences can be provided that are likely to attain these purposes?)

第三,怎样有效组织这些教育经验?(How can these educational experiences be effectively organized?)

第四,我们如何确定这些目标正在得以实现?(How can we determine whether these purposes are being attained?)

确定教育目标、选择教育经验(学习经验)、组织教育经验、评价教育经验这四个基本问题构成了著名的"泰勒原理"。

在20世纪60年代,一些教育家开始思考如何评价教育目标。美国教育学家斯克里文、斯塔克和开洛洛等人对教育评价理论的发展作出了重要贡献。可以说,1967年是美国教育评价发展的一个关键转折点。到了70年代后期,教育评价进入了一个特别关注结果认同的时期,这个时期强调评价过程中给予个体更多被认可的可能性,并注重评价对个体发展的建构作用,因此也被称为"个体化评价时期"。

总之,教学评价是按照科学的标准,利用各种有效的技术手段,对实施的各种教育活动、教育过程和教育结果进行测量,并作出价值判断的过程。对学生的学习进行评价是为了衡量每个学生对规定的学习效果的完成程度,根据学生的课程效果,对学生学习的评价进行规划和实施。专业评价则是通过对学生整体学习效果以及在采用CDIO标准的情况下对CDIO专业计划的主要成功因素进行检验。

(1) 学生学习的评价。

对学生的评价包含形成性评价和总结性评价两种。

形成性评价是在学生进行学习的过程中收集学生所取得的成绩,这种评价结果可以告诉学生关于他们的进展情况,帮助监控教学的进度,并指出教学中可能需要改进的地方。

总结性评价一般是在教学活动(例如一个重大项目、课程或者整个计划)结束时收集所有的信息,评价的结果反映了学生在项目、课程或专业计划等方面所取得的预期学习效果。

①学习评价的过程。CDIO教学模式的评价是以学习为中心的。也就是说,它是整个教学过程的一个部分,在学生和教师共同学习的氛围中促进学习。它的特点是:教学和评价相互关联;评价用来促进和诊断学习;强调产生更好的答案和从错误中学习;通过试卷、计划、表现和投资搭配等直接评价学习;文化是相互合作、协作和支持的;教师和学生一起学习。

学生在个人、人际交往能力及产品、过程和系统的建造能力,以及在学科知识的学习评价方面包括以下四个主要阶段:学习效果的具体要求;使评价方法与课程计划、学习效果和教学方法相一致;使用多种评价方法去收集学生所取得的成绩的有关证据;使用评价结果去改进教学和学习。

②评价方法和学习效果相一致。1991年美国学者斯蒂金斯首先提出了"评价素养"的概念。斯蒂金斯认为,有评价素养的人知道可靠和不可靠的评价之间的区别,他们在进入评价领域时就知道自己评什么、为什么要评、怎样最好地评价学业成就、如何生成良好的学生表现样例,知道评价可能会出现什么错误

以及如何防止这些错误,知道不准确的评价的潜在消极后果。斯蒂金斯之后,许多专家对评价素养提出了自己的定义,但有一点是共同的,即评价素养主要是针对学生学业评价所应具备的素养。

一旦明确了一门课程、一种模式或其他学习经验的预期学习效果,就可以将预期学习效果分为不同的类别,以便选择合适的评价方法。表2-17给出了一个通用的指引,可以使适当的评价方法与指定类别的学习效果相一致。

表2-17 评价方法通用指引

指定类别	评价方法				
	笔试和口试	表现评分	产品审查	学习日志和案卷	其他自我测评的方法
概念理解	×				
问题解决和程序性知识	×			×	
知识创新和综合		×	×	×	
能力和过程		×	×	×	×
态度			×	×	×

表中第一列明确了与知识、能力和态度相关的种类,标题栏则是评价方法的类别。这个表格强调了选择评价方法的重要性和采用这种方法收集学生学习效果相关证据的适应性。

通过笔试和口试可以有效评价学生对概念的理解,这些测试可以包括在考试、面试或与学生的信息互动当中。

通过口头提问、书面报告以及定期刊物出版等形式,要求学生解决简单和复杂的问题,由此评价他们解决问题的能力和掌握的过程知识。

知识创造和综合学习效果我们可以采用与评价能力和过程相同的方法。

能力和过程的学习效果可以采用表现评分、产品审查、学习日志、卷案以及其他的自我测评方法进行合适的评价。

态度可以通过大部分的自我测评方法来进行评价。

③学生学习效果的评价方法。学生学习评价的第三阶段采用了多种方法来收集和分析数据,CDIO教学模式采用了各种方法来收集学生在学习之前、学习期间和学习之后的三个不同时期的学习证据,全面了解学生的学习成绩和学习态度有何转变。在学习的过程中使用某些评价方法,可以获得与教学方法一样的结果。可以通过笔试和口试、表现评分、产品审查、学习日志、案卷以及其

他自我测评的方法收集学生学习的证据,并将表现的准则和标准与评分范围和评分表相结合,以评价学生的学习质量和学生成绩。

a. 笔试和口试。

笔试包括选择题和其他有明确答案的题目、计算题和开放性题目。在笔试题目中反映学习效果,并根据学习效果考查学生的成绩。笔试在评价学生的概念理解程度上是有效的手段,可以在同一时间内,对大批学生进行评价,并对学生的学习成绩予以存档。

口试可以让教师发现学生的各种误解,它要求学生能独立思考和合理讲解。

在笔试和口试中,用概念问题来判定学生对学科内容的理解层次。

b. 表现评分。

通过学生在诸如口头演讲和团队工作等特定任务中的表现情况,可以对学生的许多预期学习效果进行评价,可以采用有助于收集和分析评价数据的评分表,如表2-18所示。评分表是一个标准列表,通过一个反映完成质量程度的等级来评价表现、过程或产品的质量。表2-18给出了一个分析性的评分表的例子,评价学生的技术概括能力和口头表述能力,其中左边列出了一些具体标准,评价人员分别根据每个标准进行质量评价。

表2-18 评分表

具体标准	质量评价				
	差	中	好	非常好	评论
报告的质量					
清晰地表达演讲主题					
同听众保持较好的眼神交流					
有效地运用语音技巧(音量、清晰性、抑扬顿挫)					
举止和职业形态(外表、姿态、手势)					
平稳、有效地过渡到下一位演讲者					
对演讲者演示技巧的评论					
技术内容					
技术内容准确,抓住重点					
对内容有足够的展开					

续表

具体标准	质量评价				
	差	中	好	非常好	评论
重点突出,概念之间的关系清晰					
以详尽的内容和清晰的图示帮助表达概念					
图表和演示是精心设计、有效应用的					
提出多项选择,并对采用的选择给出理由					
讨论关键性问题					
回答问题准确、简洁					
对演讲者技术能力的评论					

c. 产品审查。

制作评分表来评价学生完成的产品或项目。CDIO专业计划的一个显著特点是强调设计-实现的经验,学生需要展示他们在构思、设计、实施和运行产品、过程及系统方面的能力。我们通过学生的表现或检查实际产品来进行评价,这些实际产品可能是实物、报告或计算机绘图。表2-19给出了一个评分表例子,用于评价学生在设计项目模块方面的学习情况。

表2-19 产品审查评分表

项目学习效果	不满意	满意	好	坏
能用文字、口头和图表及各种媒体进行交流				
按照给定的时限管理实践、资源,合理安排优先顺序				
能有效运用计算机和信息技术				
运用各种外部资源查找并组织信息				
项目进行过程中获得了解决问题的能力				
独立学习和工作				
安全工作				
能与教师和其他辅助人员有效交流				

d. 学习日志和案卷。

学习日志和案卷对学生在设计-实现项目和实验研究以及在团队协作方面所付出的努力进行了记录,能够揭示学生严谨的思维能力和推理能力,并记录学生在工程过程中所经历的各个阶段。即使最后没有任何实实在在的产品,这些文件也能为我们提供有关学生学习效果的证据。此外,学习日志有助于明确个人对团队项目和活动的贡献,对学生而言,定期的反馈是最有效的。

e. 其他自我测评的方法。

其他自我测评的方法如详细目录和调查表,可以帮助学生培养学习者和未来工程师的意识。让学生思考他们的学习经验不仅有助于他们更清楚地理解所学到的概念之间的联系,也有助于更清楚地理解这些概念在新的情况下如何应用。当这些思考与包含学生工作例子的案卷进行结合时,就会成为评价学生个人成绩和评价整个专业计划的有用工具。

学生也可以通过审核和评论他们自己和同伴的工作,参与到评价过程中来。这些评价可能使用一些评分表,这与其他表现方面的评分表、开放型的叙述或反思案卷等方式相类似。图2-29描述了瑞典皇家工学院车辆工程专业用于学生为同伴和自己进行评估而开发的反思案卷。

皇家工学院反思案卷的应用

皇家工学院车辆工程专业于2002—2003学年引入反思项目,十个二年级学生参加了四次反思卷案讨论会,每次三个小时,其中有五人两年来一直参加这个项目,直到项目结束。

这个项目的目的是:

- 反思并找出他们所偏好的学习方法。
- 通过反思提高学习效率。
- 对他们自己和同学进行评价。
- 给予并接受批评。
- 计划与 CDIO 相关的学习目标。
- 认识并利用基于经验的学习的优点。
- 培养终身学习的习惯。
- 为职业规划负责。

每次讨论会之前都会要求学生进行一些指定的阅读,他们需要带着一个反思的总结参加讨论。每个人在反思之后,大家进行讨论并给出评论,其目的不在于批评,而是希望通过其他人的认识和经验能够使个人的认识得到扩展。

电子案卷分为三个层次:私人层次、小组层次和公共层次。小组层次的文件需得到作者同意才能阅读,而公共层次的文件是放在网上的,每个人都可以看到。这个案卷包括考试、项目、文档、演示等,还有学生关于学习的一些个人说明。

项目评估表明学生对反思案卷的做法非常满意,他们觉得这样很有启发性。对话和反思表明,学生有共同的想法、恐惧和希望,而他们通过这个项目可以和其他同学共享这些想法、恐惧和希望。参加项目的学生反映,他们对自己的学习有了新的理解,对管理他们自己的学习更加自信了,并对他们的未来和职业生涯有了更清楚的认识。一个学生在总结项目报告中写道:"这个项目让我对自己的学习责任更加清楚了。"

图2-29 瑞典皇家工学院车辆工程专业反思卷案

(2) CDIO-OBE 教学评价的实践。

① 以评价作为目标指引和过程控制的核心手段。评价,指通过评价者对评价对象的各个方面,根据评价标准进行量化和非量化的"测量"过程,最终得出一个可靠的并且有逻辑的结论。评价的方式包括但不限于测评、考试、答辩、实战等。

a. 测评。

偏重于动手能力考核,需要评价对象在规定的时间内及规定或限定的软硬件环境(虚拟机)中完成一个相对完整的开发过程,是对评价对象技能水平的考核。

b. 考试。

偏重于理论知识掌握情况的考核,是评价对象在规定的时间内按指定的方式解答相应的试卷内容,可以根据需要选择限定或不限定考试的软件环境(虚拟机),并由评价者指定人员根据试卷的答题情况来给予考试成绩或评价。

c. 答辩。

偏重于思维考核,是评价对象对自己做过的项目进行梳理并形成规范文档,且能将项目思路作讲解分析,答辩面试教师对评价对象进行项目提问,根据其回答及文档相关对应内容实际情况进行思维能力评分。

d. 实战。

偏重于项目经验考核。评价对象通过参加实战,记录其在实战过程中的表现,并对实战过程中相对应考核点进行评分,以此形成考核成绩。

② 把各类学科竞赛和技术技能大赛作为人才评价和专业评价的一种高级形态。竞赛是一项多目的的活动,可以融入主办、承办、组织、报道等元素,使这项活动变得更加精彩。但究其本质,竞赛是评价,既是对人才的评价,更是对专业的评价。具体体现在以下几个方面。

a. 检测和评价学校"以就业为导向"的办学方针。

各类学科竞赛和技术技能大赛的比赛项目,考查的是本专业学生应该具备的知识素质、能力素质和职业素质,体现了社会和企业对学生的要求。因此,竞赛在一定程度上可以评价学校"以就业为导向"的教育办学方针,评价学校的教学模式是否体现了"做中学"。

b. 竞赛是对学校课程体系、教学内容和教学方法的课程教学改革的一种校外评价。

竞赛的每个项目的命题组成员都是本行业的知名专家,他们在实践能力考核中融入了行业发展的最新技术,反映了行业和企业对学生职业技能的最新要求。这也对实践教学提出了更高的要求。学校将教学内容改革与竞赛考核内容紧密结合,通过吸取竞赛考核内容和技能考核标准对原有教学内容进行改造,提炼并转化为以大赛考核内容为基础的项目。在教学中推行项目教学,强化实践能力教学。

竞赛的实践技能是以项目为依托对选手进行考核,推崇以项目为依托的一体化教学。在教学中,理论知识与实践相结合,在做中学、学中做,先实践后理论,再用理论知识解决实践中的问题。这样的教学方式以学生为主体,让学生参与到教学活动中,充分发挥学生的能动性。这些变化将在很大程度上推进教学方法改革。

c. 提高了教师的实践技术水平、教学能力和对学生评价的水平。

通过积极借鉴技术技能大赛的内容、考核方式和技能要求,进一步完善和规范了教师对学生的评价机制,加强了对常规教学的管理,构建科学有效的教学质量监控体系和教学评价机制。通过实施对实践教学过程和教学质量的监控,及时调整教学内容,将行业标准融入实践教学,在实践教学过程中融入专业基本理论、实践操作以及职业素养,加强学生实践能力的培养,确保实践教学的质量。

大赛给教师提供一个互相学习交流的平台,积极鼓励和支持教师参加和指导各类技术技能大赛,是教师实践能力提升的重要途径之一。通过参加和指导技能比赛,教师可以了解和学习本专业前沿技术、发展趋势、实践技能的考核点,提升自己本专业实践水平。

d. 促进了各类实训基地建设和产教融合。

"校企合作""工学结合""顶岗实习"等都是现代工程教育的新思路,要做好这方面的工作,就得尊重企业追求利润的需求。一个有效的办法就是吸引企业通过冠名、提供设备、参与命题、担任裁判等各种方式参与竞赛,这样就有利于推动产教融合深入、广泛开展。

e. 技术技能大赛营造蕴含职业素养的校园文化。

目前我国已经形成了由国家级、省级、市级、校级学科竞赛和技术技能大赛构成的大赛系统,大赛的影响范围逐渐扩大,不仅提高了学生参与竞赛的比率,还让每位教师、每个学生都能够参与到大赛中。在校园中营造"学知识、比技能、练本领、积极向上"的育人氛围,实现学校文化和企业文化的融合,丰富了工程教育的文化内涵。

③以人才评价实现精准就业。就业效率和就业质量既是学生学习的评价指标,又是专业评价标志性的成果。

a. 实习。

学生以准员工的身份通过双向选择进入企业,在有经验的工作人员的指导下学习实际工作经验,学生与企业间签署实习协议,并享有实习工资、与社会上大家所认同的实习相一致。

b. 就业。

学生完成常规学业后,通过平台就业测评考核,并通过面试受聘进入企业,以工作获取法定报酬。

④评价结果对教与学的改进。学习评价过程的第四步,是使用评价结果来改进教与学,并从总体上改进整个专业计划,这一步完成了整个评价循环。

学习评价过程的组成部分旨在帮助学生培养和展示一种质量文化,遵循一系列核心的质量原则,这些原则定义了高等教育的质量过程:根据学生取得的学习效果定义教育质量;关注教学、学习和学生评价的过程;努力使课程计划、教育过程和评价相互一致;通过协调工作去实现共同参与和相互支持;尽可能根据实际情况作出决定;通过最佳实践进行分析和学习;首要的任务是不断地提高学术水平。

13) 师资队伍建设

工程教育要实现培养高素质工程建设人才的目标,就需要进行工程教育教学改革,而工程教育教学改革成功的关键在于提高教师素质,其中一个主要方面是优化教师的知识结构。工程教育教师的知识结构要从现代科学知识型结构转向专业科学理论知识与个人实践情境知识并重的"双师型"知识结构。工程教育教师的知识结构的转向,可以从转变教师个人观念、完善工程教育外部条件以及建构优化教师知识结构的支撑体系这三条路径中得以实现。

(1) 工程教育教师的知识结构现状。

一般认为,工程教育教学有两种典型的模式。

科学模式关注向书本学习,纵向思维、演绎分析、求解问题、开发想法,研究和实验,独立探索、追求确定性,强调以科技为基础、重视工程科学。

工程模式关注向实践学习,横向思维、综合归纳、形成问题、实现想法,设计实验、制造、团队协作、相互比较,强调以社会为背景、重视工程实践。

这两种教学模式对于工程教育都是重要的,关键在于它们如何结合,并如何应用。目前,在我国的工程教育中存在着"钟摆现象",即工程教育教学改革在上述两种模式之间摇摆,不同的时期片面强调其中的一种教学模式。从实质上看,这种钟摆现象在于教师知识结构的不合理或不完善,知识来源狭窄、知识类型失调,获取知识的方式手段陈旧。表现出如下三种特征。

单一性:不少教师认为工程教育学科的自然科学知识具有普遍性的应用价值,优先于人文科学等其他学科知识,因而重视本学科知识的积累,忽视人文、社会等相关学科知识的学习。还有不少教师重视工程理论知识的传授,忽视实践知识的积累,动手能力不强。虽然能承担相关理论课的讲解,但解决工程实际问题和动手操作的能力欠佳。

封闭性:在现代知识论看来,工程学科知识是客观的、科学的、正确的,工程教育主要是传递这些前人创造的学科知识。这是一种纵向的思维方式,追求本学科知识的确定性,求解问题的正确答案,重视工程科学而忽视工程实践,从而形成一种封闭性的知识结构。这种知识结构着重于演绎分析而非综合归纳的思维方式,缺乏开放性,致使部分教师专业技术基础知识存在老化的趋势。

被动性:目前,我国大多数工程教育教师的知识结构仍属于被动性结构,乃是因为教师的大多数知识是被动接纳而来,没有主动选择那些与创造力密切相关的知识因素和材料,教师很难在工程教育教学中进行革新和创造。

(2)"双师型"教师的知识结构特征。

在特定知识的背后,存在着一种更加宽广、更为基本的知识关联系统。在《词与物》中,福柯称之为"知识型"(episteme,或译"认识阈")。历史上大概有四种知识型:一种叫原始知识型,一种叫古代知识型,一种叫现代知识型,一种叫后现代知识型。

其中"双师型"就属于后现代知识型,工程教育"双师型"教师的专业科学理论知识与个人实践情境知识并重,其知识结构表现出如下三个特征。

具有学科知识多元化的、复合型的知识结构。表现在三个方面:首先,教师要建构基础化的知识结构。即强调最基本的理论知识课,讲授基础性最强的科学、技术和专业工程知识,训练作为工程技术人员最基本的技能;这是当代工程教育改革中的一个重要趋势,也是应对当前工程技术高速发展和工程人才需求快速变化的有效途径。其次,教师要建构综合化的知识结构。要加强交叉学科或多学科的教学,扩大人文、社会科学和管理科学的课程设置,以及加强综合性工程设计的教学和训练;这是因为工程教育培养的是未来的工程师,工程综合是工程师工作最显著的特征。最后,建构人性化的知识结构。工程教育归根结底是培养"人"的活动,同样要坚持素质教育。优秀的工程教育教师应该是知识渊博的大教育者,而不是狭隘的专业主义者。因此,除了本学科的自然科学知识外,工程教育教师还应具有深厚的社会科学和人文科学知识,譬如教育学和心理学,这样教师才能站得高、看得远,给学生以更深刻的影响,成为不仅能教而且会教的工程教育教师。

具有更新能力的、开放性的知识结构。知识性质从"普遍性"转向"情境性",要求教师具备开放性的知识结构。教育的国际化趋势也要求工程教育教师的知识结构是开放性的。为此,工程教育教师必须博采众长更新知识,并使课程内容、教育观念和教学方法国际化,这样才能培养出适应经济全球化的要求、工程企业急需的具有国际竞争力的高级工程建设人才。

具有创新意识的、充满活力的、创造性的知识结构。知识性质从"客观性"转向"文化性",要求工程教育教师具备创造性的知识结构。研究表明,知识结构是影响乃至制约个人创造力的一个重要因素。个人头脑中接受的知识程度和类型不同,其创造性的强度也不同。如想要造就创新性人才,教师本人首先就应当具备创新意识和创造能力。要做到这一点,必须调整和优化教师的知识结构,使知识结构由被动性转向创造性,其中十分重要的是要增加能力及方法等在教师知识结构中的比重。在被动性结构中,知识与能力是分离的,而在创造性结构中,知识和能力是统一的。

(3) 工程教育"双师型"教师知识结构的发展路径。

①转变个人观念:建构后现代文化知识型主导的知识结构。个人观念的转变是工程教育教师优化其知识结构的前提。教师个人的工程教育理念和教育思想主导着教师教学实践与学习的大方向,在其知识结构中占重要位置。教师要树立知识的文化性、情境性以及价值性观念,知识是客观性与主观性的统一,是功利价值与精神价值的统一;知识的获得不是从外部移植的过程而是主体通过内化、整合而不断自我建构的进化过程。在知识社会里,个人实践知识应在教师的知识结构中占越来越重的比例。在优化知识结构的过程中,教师要打破唯书、唯专的思想,开阔视野,更新观念,必须坚持终身学习的理念,不断更新知识观念,既要明确改善知识结构的方向,又要形成自我更新知识的动力,这样才能与时俱进,成为合格的工程教育"双师型"教师。

②完善外部条件:在完善和创新办学机制中优化教师知识结构。从外部条件看,为调动教师通过自我学习而更新知识结构的积极性,工程院校应完善和创新办学机制。首先,应科学制定有利于教师优化并建立"双师型"教师知识结

构的评价标准,规范"双师型"教师的认定和选拔工作。其次,要建立有助于教师通过优化知识结构脱颖而出成为"双师型"教师的机制。包括职称评聘制度等应增加教师实践知识与能力所占的比重,国家承认的工程师资格证书应该具有和论文、专著相同的重要性。在利益分配机制上,应建立对"双师型"教师的奖励机制,在工资待遇等方面向"双师型"教师倾斜。

③建构支撑体系——在工程教师教育一体化体系中完善教师知识结构。建构支撑体系分为职前、职后和现场实践三个环节。

a. 职前:跨学科专业教学。

后现代知识型在学科知识的发展上表现出两个特点:一是高度分化,如现代自然科学的学科划分越来越细,分支越来越多;二是高度综合和集成,如许多学科相互渗透、相互交叉,产生了许多边缘学科。这些新兴学科要求教师具备多层次、多结构、多序列的复合型知识结构。工程院校首先要大力发展综合型的跨学科专业,同时要强化各科知识的相互交叉与渗透,在跨学科专业的建设中拓宽教师知识结构的类型与层面。

首先,在培养工程教育师资的方式上,应多角度、全方位主动出击。其次,工程教育必须着眼于大教育、大系统,专业调整应厚基础、宽专业、重应用。再次,工程教育要以全面、综合、立体、交叉的新思路培养师资队伍,以达到既适应知识社会发展,又可达到资源共享的目的。最后,工程教育要重视教师自身创新能力的培养,由此实现培养高质量工程科技人才的目标。

b. 职后:产学研合作。

产学研合作是优化教师知识结构的有效途径,其主要有三种模式:合作人才培养、合作科研开发以及合作生产经营。产学研合作为工程教育教师提供了运用所学知识和更新知识的平台。这种合作对教师知识的量和质都提出了新的要求,促使工程教育教师继续学习,增加和更新知识;反过来,教师知识与能力的提高会进一步扩大产学研合作的领域,提升产学研合作的层次。所以,通过产学研这良性循环,教师的知识会逐步得到优化,知识与能力会逐渐统一起来。

同时,我们也需要反思工程教育教师职后培训。以往工程教育教师职后培训的基本形式是授课,即对所有教师进行理论知识的讲解,并辅以工程实践技能的训练。这种培训,降低了教师的专业自律性,效益低下,理论不能有效指导实践,在教师心目中成为一种教条、机械的活动,不利于教师知识结构中个人实践知识的增长。因此,工程教育有必要创建企业、高校、科研院所联合培养人才的职后培养机制。首先,工程教育专业院校应置身于知识发展的大循环之中;其次,产学研各方要创建科学的培养人才手段;最后,要有明确的培养方向、目标和标准。具体来说,工程教育专业院校应着重基础和应用基础知识的传授;科研院所应着重应用技术和技能知识的传授;企业应着重生产经营实践知识的传授。这种联合培养人才的方式和机制将对职后教师知识结构的优化产生促进作用。

c.工程教育现场实践:师徒制。

目前西方工程教育界新近出现的师徒制或拜师热证明教学实践有利于新的工程教育教师更快地成长、成熟起来。对于从事工程教育的教师及实习生而言,通过紧密跟随指导教师的步伐,学生不仅能够熟悉工程教育教学的基本流程,还能至少初步认识和理解教学的艺术性,进而在实践中主动掌握并积极运用这些知识。

开展工程教育实践研究、工程现场实践教学,使教师在解决工程实际问题的过程中不断反思自己的教育教学知识,通过增加个人实践知识而优化其知识结构。在工程教育现场,作为师傅的教育者应认识到知识的文化性、情境性和价值性,承认作为徒弟的未来教师个人实践知识的合理性,尊重未来教师的个人实践知识。师徒通过合作、交流、分享思想和问题,通过不同观点的交锋,可以给自己提供反思教学的契机。在这种与工程教育实践密切结合的互动过程中,教师的经验世界受到冲击,才可能切身体会到个人实践知识对教育实践的巨大影响,反思自己教学中的不足,更新个人实践知识,使教师的再教育过程能够彰显和更新个人实践知识,从而不断促进工程教育教师的自主发展。

(4) CDIO-OBE教学模式下的"双师型"教师。

根据CDIO标准9"提高教师的工程实践能力",如果大学教师能够讲授融合了学科知识的个人、人际交往能力以及产品、过程和系统的建造能力的课程,那么,他们自己必须熟练地掌握这些能力。

根据标准10"提高教师的教学能力",专业计划应该支持教师改善他们一体化学习经验、主动学习和经验学习的能力以及对学习进行有效评估的能力。教师的转变不仅需要对课程计划进行变革,而且在教学和评价方法上也应该进行改变。

应用型高校"双师型"教师的专业成长是外在制度标准要求和内在成长诉求相融合的过程。专业化、高素质的"双师型"教师发展靠政策推进等外界推力还是远远不够的,需要有教师专业成长意识的自我觉醒,对教学过程的自我反思，以专业上的自觉、自律、自省为动力，不断提升专业知识和实践能力，实现自我转型。应用型高校应该鼓励教师积极参与培训学习、教学研讨、考察交流等活动。在OBE教学理念下，只有通过不断的教学反思和研讨，持续改进，才能提高应用型人才培养质量，其中教师也会不断提升自身的能力和素养。"双师型"教师更要具有自我反思的理念，意识到教学反思在专业成长中的作用，积极开展各种教学活动反思。在教学反思内生驱动力下做到时时、处处能学，"双师型"教师学习的针对性和实效会更强，并增强职业认同感，也更容易获得工作成就感。

2.4 泛IT产业工程

泛IT产业工程是指在信息技术领域广泛应用的工程项目。随着信息技术的迅猛发展，泛IT产业工程在各行各业都扮演着重要角色。这些工程项目涵盖了软件开发、网络建设、数据分析、人工智能等各个方面，为企业提供了数字化转型和业务优化的解决方案。

第一，泛IT产业工程在软件开发领域发挥着重要作用。随着企业对自身业务流程的数字化需求的增加，软件开发工程师成为了不可或缺的一环。他们根据企业需求，设计、编写和测试各类软件应用，提供定制化的解决方案。这些软件应用可以帮助企业提高工作效率、增强管理能力，从而在市场竞争中取得优势。

第二，泛IT产业工程在网络建设方面也扮演着重要角色。随着互联网的普及和网络技术的不断进步，企业对网络建设的需求也越来越大。网络工程师通过规划、设计和建设企业内外部的网络架构，确保网络的稳定性和安全性。他们还负责网络设备的维护和升级，以提供高速、可靠的网络连接，满足企业对数据传输和通信的需求。

第三，泛IT产业工程在数据分析领域的应用也日益广泛。大数据时代的到来使得企业面临海量的数据，如何从这些数据中提取有价值的信息成为了一个挑战。数据分析师运用各种统计和分析工具，对数据进行处理和挖掘，以帮助企业做出更明智的决策。他们通过数据模型和算法的应用，揭示隐藏在数据背后的规律和趋势，为企业发现新的商机和增加业绩提供支持。

第四，泛IT产业工程还涉及到人工智能技术的应用。随着人工智能技术的不断发展,企业开始将其应用于各个领域,以提高工作效率和智能化程度。人工智能工程师通过设计和开发智能算法和模型,构建智能系统和机器学习模型,实现自动化和智能化的业务流程。这些技术可以帮助企业实现自动化生产、智能客服、智能决策等目标,提升企业的竞争力和创新能力。

总之,泛IT产业工程在信息技术领域扮演着重要角色。软件开发、网络建设、数据分析和人工智能是其中的关键领域。通过应用泛IT产业工程,企业可以实现数字化转型和业务优化,提高工作效率、降低成本、增强竞争力,从而在市场中取得成功。

2.4.1 主体人员组成

主体人员主要由管理人员和应用型人才组成。

管理人员通常指的是负责组织和协调项目开发和运营的人员。他们负责制订项目计划、分配资源、监督团队成员的工作进度和质量,以确保项目按时、按质按量完成。管理人员还需要与客户和利益相关者进行沟通,解决问题和决策,并管理项目的预算和风险。他们通常需要具备良好的领导能力、沟通能力和项目管理知识,以确保项目的成功实施。

应用型人才是指在IT领域中,具备广泛的技术知识和技能,能够将这些知识和技能应用于实际工作中的人才。他们通常具备计算机编程、网络管理、数据库管理、系统架构设计等方面的专业知识,能够掌握各种IT工具和技术,并能够灵活运用它们解决实际问题。

2.4.2 产业作用

泛IT产业工程的赋能应用涵盖了信息技术支持、数据分析与挖掘、人工智能应用、云计算与大数据应用、物联网应用和区块链应用等多个方面,为企业提供全面的技术支持和解决方案。

(1) 信息技术支持:为企业提供信息技术支持,包括网络建设、服务器管理、数据存储与处理等方面的技术支持,帮助企业提高信息化水平和效率。

(2) 数据分析与挖掘:通过对企业数据的分析与挖掘,帮助企业发现潜在的商机和问题,并提供相应的解决方案,从而提高企业的竞争力和决策水平。

(3) 人工智能应用:应用人工智能技术,为企业提供智能化的解决方案,如智能客服、智能推荐、智能物流等,帮助企业提高服务质量和效率。

(4) 云计算与大数据应用:帮助企业实现云计算和大数据应用,包括云端存储、云端计算、大数据分析等,帮助企业实现资源共享和数据驱动的发展。

(5)物联网应用:应用物联网技术,实现设备之间的互联互通,帮助企业实现智能制造、智能物流等应用,提高生产效率和降低成本。

(6)区块链应用:应用区块链技术,实现数据的可信共享和安全交易,帮助企业提高数据安全性和交易效率。

2.4.3 能力构成

泛IT产业工程的实施能力构成主要有以下几个方面,不同的项目和组织可能会有所差异。

(1)项目管理能力:能够制订项目计划、组织资源、进行进度控制和风险管理,确保项目按时、按质、按量完成。

(2)需求分析和规划能力:能够理解客户需求,进行需求分析和规划,确保项目能够满足客户的期望和要求。

(3)技术能力:具备相关的技术知识和技能,能够理解和应用最新的IT技术,包括软件开发、数据库管理、网络技术等。

(4)交流与协调能力:能够与团队成员、客户和其他利益相关者进行有效的沟通和协调,确保项目各方的利益得到平衡和满足。

(5)质量控制能力:能够制订和执行质量控制计划,确保项目交付的产品或服务符合质量标准和要求。

(6)风险管理能力:能够识别和评估项目中的风险,并制定相应的应对措施,确保项目风险得到有效管理和控制。

(7)创新和问题解决能力:能够提供创新的解决方案,解决项目中出现的问题和挑战,确保项目的顺利进行。

(8)团队管理能力:能够有效地管理团队成员,激发团队的积极性和创造力,确保团队的协作和合作。

2.4.4 相关机构

1. 子杰软件:助力企业数字化

子杰软件是一家专业从事软件产品研发设计、平台定制解决方案、技术服务及教育培训等服务的技术企业公司。该公司主要在汽车、MES、教育等行业领域开展业务。子杰软件致力于为企业提供数字化知识管理系统、项目管理系统、低代码开发平台、数据中台、AI中台、物联网服务和数字孪生等系统服务,为企业提供专业的数字化解决方案。

作为一家技术企业,子杰软件拥有一支高素质的研发团队,团队成员具备丰富的软件开发经验和深厚的行业知识。通过不断创新和优化,子杰软件致力于为客户提供高品质的软件产品和解决方案。

子杰软件在汽车行业的服务主要包括数字化知识管理系统和物联网服务。数字化知识管理系统可以帮助汽车企业有效管理和传播知识,提高工作效率和产品质量。物联网服务则可以将汽车与互联网连接起来,实现车辆远程监控、故障诊断和智能驾驶等功能,为汽车行业带来更多的智能化应用。

在MES行业,子杰软件提供项目管理系统和数字孪生等解决方案。项目管理系统可以帮助企业实现项目的规划、执行和监控,提高项目管理效率。数字孪生技术则可以将实体工厂数字化,建立虚拟的工厂模型,帮助企业进行生产优化和预测分析。

教育行业是子杰软件的另一个重要领域,公司为教育机构提供低代码开发平台和AI中台等服务。低代码开发平台可以帮助教育机构快速构建和部署教育应用,提高教学效果和学生体验感。AI中台则可以为教育机构提供智能化的教学辅助和个性化教育解决方案。

总之,子杰软件作为一家专业的技术企业,致力于为企业提供全方位的软件产品和解决方案。无论是在汽车行业、MES行业还是教育行业,子杰软件都能够根据客户需求,提供专业的数字化服务,帮助企业实现数字化转型,提升竞争力。

2. 上海阿基尔自动化有限公司:工业自动化解决方案提供商

上海阿基尔自动化有限公司(下称阿基尔自动化)是一家全球领先的工业自动化解决方案提供商。公司成立于1994年,总部位于德国,如今已在全球范围内拥有多个分支机构和办事处。

作为一家专注于工业自动化的公司,阿基尔自动化提供了各种先进的产品和解决方案,旨在帮助企业实现生产过程的自动化和优化。公司的产品范围涵盖了机器人技术、自动化控制系统、传感器和测量设备等领域,可以满足不同行业和应用的需求。

阿基尔自动化的机器人技术在制造业中发挥着重要的作用。公司的机器人产品具有高精度、高速度和高可靠性的特点,可以完成各种复杂的任务,如装配、搬运、焊接等。这些机器人可以与其他自动化设备和系统无缝集成,实现整个生产线的高效运作。

此外,阿基尔自动化的自动化控制系统也为企业提供了强大的支持。该系统可以实现对生产过程的精确控制和监测,确保产品质量和生产效率的提高。通过集成各种先进的控制技术和算法,该系统能够适应不同的生产环境和要求。

传感器和测量设备是阿基尔自动化解决方案中不可或缺的一部分。这些设备可以实时监测和测量生产过程中的各种参数,如温度、压力、湿度等,以确保生产的稳定性和一致性。阿基尔自动化的传感器和测量设备具有高精度和可靠性,能够满足不同行业的应用需求。

总的来说,阿基尔自动化通过提供先进的工业自动化产品和解决方案,帮助企业实现生产过程的自动化和优化。公司以其卓越的技术和可靠的产品赢得了全球客户的信任和赞誉。未来,阿基尔自动化将继续致力于创新和发展,为客户提供更加先进和可靠的解决方案。

第二部分

"产教融合"的探索

第3章

"产教融合"的产生与发展

3.1 转变:从结合到融合

1991年至2003年,我国推行了若干产教结合的相关政策,以推动教育与社会发展相结合,希望尽快改善教育落后的状况,培养大量掌握专业知识与实践技能的人才,并为社会主义市场经济的发展奠定基础。在这一阶段,相关政策的核心目的在于通过教学与生产相结合的形式,提升大学生的实践能力,强调教育与产业间的密切关系。基于该目标,产教结合则是发展职业教育、为社会培养实践型人才的一大方式。

进入21世纪,随着经济社会生产结构的调整,市场对高质量技术技能型人才的需求愈加旺盛,这要求教育培养的人才需进一步提升素质和技术技能。此外,社会主义市场经济体制的确立与完善赋予了市场空前活力,各类企业迅速壮大,并获得了一定的市场"话语权"。因此,原来仅在高校主导下的产教结合越发不能满足市场需求。与方兴未艾的企业相比,校办产业无论是设备、技术还是资金都望尘莫及,这迫使政府主管部门必须重新审视校企关系。

为了真正解决产教分离问题,我国于2013年首次提出"产教融合"政策,目的在于进一步建立、健全行业企业参与办学的体制机制,校企联动开发课程,完善人才培养模式,同时企业可以参与高校教育质量的监测评估。随后的一系列政策更在此基础上不断完善"产教融合"的方方面面。

产教结合政策强调的是高校的主体地位,通过产业与教育的结合,满足高校人才培养的需求,建立高校与社会需求的联结,并进一步提升高校在区域经济发展中的影响力,助推区域经济发展。该政策的核心在于解决高校自身人才培养中存在的学生实践、动手能力差等问题。因此,产教结合是在既定人才培养目标的前提下的一种方法或手段,其实质是一种人才培养方式。"产教融合"强调的是产业与教育融为一体,产业发展促进教育发展,教育也为产业发展提供人才、技术等资源,二者相融合的同时,也保持相对独立性。

3.2 目的:产品落地

"产教融合"的发展实际上经历了一段时间的摸索,学校和企业在摸索中寻求最佳的解决途径。在"产教融合"中学校和企业始终坚持"双赢"原则,实施责任共担,这就形成了一种具有约束力的制度保证。当前进行"产教融合"的企业多数为生产制造型企业,要求学校针对企业所需的产品与技术进行开发,以实现培养人才、研发产品和技术服务的三大功能。一些比较主流的做法是引入社会上管理和技术较为先进的企业,企业愿意加盟校企合作,通过利用该校的设备,进行产品生产,在生产过程中引入教学内容,校企共同制订"产教融合"的可实施性教学生产计划,让教师学到技术,让学生加入生产过程中来,让生产产生效益,学校和企业共同发展,共生共荣。

在产教融合的过程当中,一个产品实施落地要经过漫长的时间,主要经历由科研负责人梳理技术方向、由科研团队或科研小分队整理项目demo、形成产品的半成品阶段、由实施团队负责项目落地、维护阶段这五个阶段。

3.2.1 由科研负责人梳理技术方向

科研负责人梳理技术方向是科研工作中至关重要的一环。科研负责人在团队中扮演着重要的角色,他们需要对整个科研项目进行全面的规划和管理,同时也需要对技术方向进行梳理和把控。技术方向的梳理不仅仅是对已有技术进行整理和总结,更重要的是对未来的技术方向进行预判和规划,这对科研项目的成功与否有着直接的影响。

首先,科研负责人需要对当前的技术状况进行全面的了解和梳理。这包括对已有的技术进行梳理和总结,找出其中的优势和不足,为未来的技术方向提供参考和借鉴。同时,科研负责人还需要对当前领域的发展趋势进行深入的研究和分析,找出其中的规律和目标,为技术方向的梳理提供理论支持和指导。

其次,科研负责人需要对未来的技术方向进行规划和预判。在技术发展日新月异的今天,科研负责人需要对未来的技术发展趋势进行准确的预判,找出其中的机遇和挑战。

最后,科研负责人需要对技术方向进行有效的管理和把控。在技术方向的梳理过程中,科研负责人需要对团队进行有效的管理和指导,对团队的实际情况进行分析和评估,找出团队的优势和劣势,确保团队的工作能够顺利进行。同时,科研负责人还需要对技术方向进行有效的把控,确保项目能够顺利进行和取得成功。

综上所述,由科研负责人梳理技术方向是科研工作中至关重要的一环。科研负责人需要对当前的技术状况进行全面的了解和梳理,对未来的技术方向进行规划和预判,并对技术方向进行有效的把控和管理。只有这样,科研项目才能取得成功,为社会发展作出更大的贡献。

3.2.2 科研团队或科研小分队整理项目demo(难点突破)

科研团队或科研小分队整理项目demo是科研工作中的重要一环。在科研项目中,demo是指对研究成果进行展示和演示的简化版本,通常用于展示项目的可行性和潜在价值。整理项目demo不仅需要团队成员具备扎实的专业知识和技能,还需要具备良好的协作能力和组织能力。

首先,整理项目demo需要团队成员具备扎实的专业知识和技能。科研项目通常涉及多个学科领域,团队成员需要具备相应的专业知识和技能,才能够有效地整理项目demo。例如,如果是一个涉及计算机视觉和人工智能的项目,团队成员需要具备计算机视觉、图像处理、深度学习等方面的专业知识和技能,才能够有效地整理出具有实际应用价值的demo。

其次,整理项目demo需要团队成员具备良好的协作能力。科研项目通常是一个复杂的系统工程,需要不同领域的专家共同协作才能取得成功。在整理项目demo的过程中,团队成员需要相互协作,充分发挥各自的优势,共同完成demo的整理工作。只有团队成员之间有效协作,才能够整理出具有实际应用价值的项目demo。

最后,整理项目demo需要团队成员具备良好的组织能力。整理项目demo需要对项目成果进行梳理和提炼,将复杂的研究成果简化后再展示出来。团队成员需要具备良好的组织能力,能够对项目成果进行合理整理和展示,使得demo能够清晰地展示项目的可行性和潜在价值。

科研团队或科研小分队整理项目demo,是一项需要团队成员具备扎实的专业知识和技能、良好的协作能力和组织能力的工作。只有团队成员之间能够有效协作,充分发挥各自的优势,才能够整理出具有实际应用价值的项目demo。这对于科研项目的进展和成果展示具有重要意义,是科研工作中不可或缺的一环。

3.2.3 形成产品的半成品阶段

"产教融合"是指产业与教育的合作与融合,旨在将学生的学习与实践相结合,培养能够满足产业需求的人才。在这个过程中,半成品阶段是一个至关重要的环节。

半成品阶段是产品生命周期中的一个重要环节。在这个阶段,产品已经具备了一定的功能和形态,但尚未完全成品化。因此,通过"产教融合",学生可以参与到产品的设计、开发和制造过程中,亲身体验产品的演变和实践操作。这不仅有助于学生在实践中学习理论知识,还能培养学生的动手能力和解决问题的能力。

半成品阶段是产品创新的关键时期。在这个阶段,产品可能面临各种技术和市场挑战,需要不断进行改进和优化。通过"产教融合",学生可以与企业专业人员进行密切合作,共同解决问题和创新产品。企业可以借助学生的新颖思维和学术研究,为产品提供新的技术和理念,从而推动产品的升级和优化。

半成品阶段也是学生就业能力培养的重要阶段。通过参与到产品的半成品阶段,学生可以直接接触到真实的工作环境和工作需求,了解企业的运作方式和职业要求。他们可以通过与企业员工的交流和合作,了解行业动态和就业前景,为自己的职业规划做出更加明智的选择。

半成品阶段的"产教融合"也为企业提供了一种新的人才培养模式。企业可以通过与教育机构的合作,将学生作为实习生或项目团队成员,培养他们成为自己企业的专业人才。通过这种方式,企业可以根据自身需求和发展方向,有针对性地培养人才,并为其提供就业机会。

总之,"产教融合"在半成品阶段发挥着重要作用。它不仅为学生提供了实践学习的机会,培养了学生的动手能力和解决问题的能力,为产品的创新和优化提供了新的思路和技术,同时也为企业提供了一种新的人才培养模式。因此,"产教融合"在半成品阶段的推广和实施对于促进产业发展和人才培养有着重要的意义。

3.2.4 由实施团队负责项目落地

在当今竞争激烈的商业环境中,企业需要不断创新和改进以保持竞争力。然而,创新和改进并不是一件容易的事情,需要有一个强大的实施团队来负责项目的落地。实施团队在项目的落地过程中扮演着至关重要的角色,他们需要确保项目能够顺利地实施并取得预期的效果。

实施团队需要对项目有清晰的理解和规划。他们需要了解项目的目标和愿景,明确项目的范围和时间表,并制订详细的实施计划。在这个阶段,实施团队需要与项目发起人和利益相关者进行充分的沟通和协商,以确保项目的目标和期望得到充分理解和认可。

实施团队需要具备丰富的经验和专业知识。他们需要了解行业的最佳实践和最新趋势,掌握项目管理和实施的技能和方法。在项目落地的过程中,实施团队需要解决各种挑战和问题,需要有足够的经验和知识来应对各种复杂情况。

实施团队需要具备良好的团队合作能力和沟通技巧。项目的落地需要多个部门和团队的协作,实施团队需要协调各方资源和利益,解决各种冲突和矛盾。而良好的沟通能力则是确保信息流畅和有效的关键,只有信息得到及时和准确的传递,团队才能作出正确的决策和行动。

实施团队需要具备坚韧不拔的执行力和责任心。在项目落地的过程中,可能会遇到各种困难和阻力,实施团队需要有足够的毅力和耐心来克服困难,确保项目能够按时按质地完成。而责任心则是确保团队成员能够充分地履行自己的职责和义务,确保项目的成功和效果。

实施团队在项目的落地过程中扮演着非常重要的角色。他们需要对项目有清晰的理解和规划,具备丰富的经验和专业知识,具备良好的团队合作能力和沟通技巧,以及坚韧不拔的执行力和责任心。只有这样,项目才能顺利地落地并取得预期的效果。

3.2.5 维护阶段

维护阶段是产品上线后非常重要的一个阶段,它涉及产品的稳定运行和持续改进。在这个阶段,需要对产品进行监控、故障排除、性能优化、安全加固等方面的维护工作,以确保产品能够持续稳定地运行,满足用户的需求。

产品上线后的维护工作中,需要建立完善的监控系统,对产品的各项指标进行实时监测和分析,及时发现和解决问题。监控系统可以包括日志监控、性能监控、用户行为监控等,通过这些监控手段可以及时了解产品的运行状态,为后续的维护工作提供数据支持。

维护阶段需要及时响应和解决用户反馈的问题,包括软件bug、功能异常、性能瓶颈等。对于用户反馈的问题,需要建立完善的故障排除流程,及时定位问题所在,并进行修复。同时,还需要对产品进行定期的性能优化,包括代码优化、数据库优化、系统架构优化等,以提升产品的性能和稳定性。

维护阶段还需要加强产品的安全加固工作,包括对产品的安全漏洞进行定期的安全扫描和修复,加强对用户数据的保护,防范各类安全风险。安全加固工作是产品维护工作中至关重要的一环,只有保障产品的安全,才能赢得用户的信任和支持。

总之,维护阶段是产品生命周期中至关重要的一个阶段,它关乎产品的稳定运行和持续改进。在这个阶段,需要对产品进行全方位的监控、故障排除、性能优化、安全加固等维护工作,以确保产品能够持续稳定地运行,满足用户的需求。只有做好产品的维护工作,才能确保产品能够长期稳健发展。

3.3 矛盾:领导地位之争

"产教融合"就是一个重新确立组织主体地位的过程。以往很多的校企合作活动难以实现"产教融合"的关键原因,主要还是没有明确各个主体之间的权利和义务关系,关系的不明确导致了合作的问题,从而影响了校企合作的发展。"产教融合"的主体正悄然发生着变化,已经从学校转移到了企业和行业,这种变化既与当前的社会发展有关,也与教育的进步有关。正是基于此,在有效的"产教融合"组织中,学校、企业、政府、行业协会等分工合作、共同管理。在开展任何活动前,都应明确各自的权利和义务,并对其后果承担最终的法律责任。这样不仅可以增强企事业单位对此项工作的责任意识,发挥其"主人翁"作用,也可以让学校和合作单位在此项活动中的管理工作更为合法、有序,避免"产教融合"管理工作的凌乱性。

想要真正实现"产教融合"的组织,需要以企业、学校和相关合作部门的需求为前提,结合各种市场正在发生的变化,明确市场的供需状况,确定各自的实际需求,寻求利益结合点并开展相关合作。在满足自身需求的同时,能为市场的供给和需求的均衡作出一定贡献,并能根据供给和需求的均衡变化来调整自己的需求发展战略,这样不仅解决了合作的随意性、被迫性问题,也提高了合作双方的积极性与主动性。

"产教融合"着重强调将企业相关资源融入职业教育的办学与教学过程中。这一阶段,高校和企业之间在形式上的合作不再是主要因素,而是把企业的要求和因素融入学校教学、办学的全过程中。可见,"产教融合"不是学校和企业在形式上、表面上的合作,而是更深层次上的办学思想和教育教学实施的融合,是从思想和理念上关注生产与教育的结合,并把这些思想渗透到实践中。

同时,"产教融合"在发展中也更加注重立体式融合。立体式融合区别于平面融合,从融合的层次来说,校企合作属于层次比较低的融合,也就是平面融合。"产教融合"是高层次的融合,可以说是立体式融合,它打破了原有的单一合作或双项合作的局限,在产、学、研三方面进行全面、深入的合作。融合后的组织结合了生产、教学和科研的特点,不仅自身是生产的主体,具有企业创造经济效益的功能,而且能提供产业发展需要的专业技术人才,为产业的可持续发展提供源源不断的智力支持。

3.4 愿景:现代化应用型人才

党的十九大报告提出深化产教融合重大改革任务。党的二十大报告进一步强调"推进职普融通、产教融合、科教融汇"。当前,我国高等教育正面临转型升级的压力,要更加关注实际需求,以培养符合现代化产业发展要求的应用型人才为目标。"产教融合"是产业相关组织与教育科研相关组织在协同育人、协同创新等方面的深度合作,是一种通过提高产业相关组织与教育科研相关组织的人才培养质量来促进双方深度融合发展的模式。深化"产教融合"的实质是促进教育系统和产业系统内异质性资源的优势互补,通过构建校企命运共同体,扩大就业创业、提升人才培养质量、推进经济转型升级、培育发展新动能。

在中国式现代化建设的背景下,跨界、跨学科、跨文化的交流合作变得越来越重要。深化"产教融合"协同育人,提高应用型人才培养质量,应成为应用型高校实现高质量发展的重要评价指标之一。未来,政府、企业与高校应深入合作探索创新"产教融合"模式,促进各要素相互推动、相互影响,对接产业需求,建立人才培养与产业创新的互动机制,从而促进人才实践与创新能力的提升,实现教育链、人才链、产业链、创新链的有机衔接,为经济社会发展提供有力的人才支撑。

第4章

"产教融合"形式

高校和产业界可以通过多种方式进行合作,但所有的合作形式最终都指向学生能力培养和产品落地实施。高校通过与行业、企业在人员、流程、产品、资源能力等方面的融合,促使学习与生产劳动相结合,在提升学生综合素质的同时,保证产品落地。

4.1 人员融合

高校与产业界通过促进教员、职员"双员"的双向流动来实现人才互补。校企双方可以合作共建师资,实现双方优势互补,达到协同育人的目的。一方面,开设双导师制度,由高校教师和企业专家共同指导学生的学习和研究工作,让企业新进员工到学校进行岗前培训和基本技能训练,企业工程师则按计划到学校开展实训课教学和指导。另一方面,由高校教师兼职或兼任企业职位,定期或根据企业需要到企业顶岗工作,参与企业项目的研究和实践,提升"双师"素质。这种人员融合既能提高教师的实践能力和产业洞察力,同时也使企业能接触到最新的学术研究成果。

4.2 流程融合

高校与产业界通过共同优化和改进工作流程来提高合作效率。首先,双方共同制定项目管理规范、研发流程等,以实现对项目的有效管理和控制。其次,开展技术交流和培训,能够使得双方的工作流程和标准更加一致,提高合作的顺畅度和效果。最后，利用产业学院组织优势，组建由行业专家、企业技术骨干、学校教师和学生组成的团队，针对困扰企业生产的难点、痛点问题进行技术攻关，帮助企业优化生产流程，改进工艺设计，提升企业的生产效率和生产质量。

4.3 产品融合

高校与产业界通过合作改进现有产品或开发新产品来共推科技成果转化。校企双方可以共同研发新技术、新产品，并进行市场推广和应用。在此过程中，将高校、科研机构的研究开发优势与企业的市场优势、产品化优势有效结合起来，由产业界提供实际需求和市场资源，高校提供创新思路和科研支持，从企业真实项目或实践当中孵化出科研成果，以产品融合的形式促进科技成果的转化和应用，从而提升产业竞争力，实现产学研各方的资源共享。

4.4 资源融合

高校与产业界通过产业和教育资源的有机结合，促进教育教学质量的提升和产业结构的升级。其一，高校能够根据企业的需求调整教学内容和方式，使学生在学习过程中获得更多的实践经验和技能培训机会；企业能够有效促进高校的科研成果转化和技术创新，为产业的发展提供更多的技术支持和人才储备。其二，高校可以根据产业需求调整专业设置和培养方案，培养符合市场需求的人才；同时，企业能够借助学校的资源和人才，提升自身的创新能力和竞争力。

4.5 能力融合

高校与产业界通过产、学、研关键能力融合，助推产业升级和人才培养。第一，在实施能力上，开展产学合作，使学生在校期间能够接触到真实的工作环境和实际的工作项目，更好地适应市场的需求，从而为经济增长作出贡献。第二，在教学能力上,学校根据市场需求和行业发展趋势,调整课程设置,引入企业实践项目;企业提供实习实训机会,指导学生进行实际操作。第三,在科研能力上,产业和教育机构共同参与科研项目,建立起科研项目管理和成果转化的机制,促使科研项目更加贴近产业界的实际需求。

第 5 章

"产教融合"内容

5.1 科研赋能

开展科研创新,实现科研成果的产业化是科研赋能"产教融合"的一个重要内容。学校拥有丰富的科研资源,企业则是科研成果的使用场所,产、学、研合作能加快学校的科研成果转化,直接融入市场和生产实践。

面对行业共性技术难题,汇聚"产教融合"共同体各方力量、联合开展协同攻关、提供技术解决方案、促进行业应用技术研发,既是行业"产教融合"共同体建设的核心任务,也是高校提供高质量社会服务的关键渠道。一是做精面向行业的应用技术研发。高校发挥专业教师与行业贴得紧、融入产业体系深、技术研发经验多、服务行业能力强的优势,结合自身专业特色,协同行业企业力量,聚焦行业生产领域的关键性技术,开展生产技术、生产工艺、生产流程的提升与改进工作。二是解决行业企业生产性实践难题。高校应引导和鼓励专业教师为行业企业解决生产现场出现的产品质量、产线运维等方面的技术问题,联合攻关"卡脖子"难题。三是促进面向行业的研究成果转化。高校利用行业"产教融合"共同体的平台优势,有效整合现有专业研发中心、专业团队、专用设备等资源要素,促进高水平大学的理论研究成果、技术方案向实体产品转化,进而推广应用于行业企业生产实践中,有效发挥行业企业技术革新的推动者作用。

5.2 能力提升

培养行业技术技能型人才,既是行业"产教融合"共同体建设的价值指向,也是高校的核心职能。在行业"产教融合"共同体建设过程中,高校充分结合区域主导产业或支柱产业的人才培养需求,以能力提升为核心目的,与合作企业一同探索人才培养模式,推进"产教融合"在育人方面的改革。

一是创新应用型人才培养方案,即强调"理论教学为实践服务,以指导实践"。实践教学落实"以学生为主体"这一理念,给学生提供自学的机会、动手的机会、表达的机会、创新的机会。最后通过企业顶岗实习让学生熟悉就业工作流程、掌握求职面试技巧和企业工作流程。二是根据企业需求进行课程体系建设,高校加强与企业的沟通和合作,以了解行业需求和趋势,在课程设置时应考虑社会需求和学生可持续发展的需要,注重培养学生的学习能力、创新能力、创业能力。三是采用"工学结合"培养模式,构建跨区域高水平共享实训平台。高校联合多方建设优势,整合现有资源,搭建具备真实性、先进性和效益性的人才实训情境,形成层级水平多样、辐射范围各有侧重的实训基地布局。四是坚持"以能力为本位、以就业为导向"的发展模式,提升专业职业迁移空间。未来产业升级必将导致一些生产工艺和技术被淘汰,因此迁移能力是职业生涯必备的技能。高校在培养学生操作技能的同时,应加强对学生适应能力和发展潜力的培养,注重其学习、思维、创新、环境适应以及职业发展等能力的提升,让学生能适应动态发展的社会职业结构。

5.3 评价改革

中共中央、国务院印发的《深化新时代教育评价改革总体方案》提出"改进结果评价,强化过程评价,探索增值评价,健全综合评价"原则,突出构建多元评价体系,重视学生的独立思考、个性发展与综合发展。"产教融合"人才评价应紧紧围绕学生的核心竞争力,注重提升学生的专业素养和创新能力,让学生能够更好地融入职场、服务企业和助力社会。

一是要围绕人才内涵建立立体全面的人才评价指标。《国家中长期人才发展规划纲要(2010—2020年)》对人才作出了界定,人才是指"具有一定的专业知识或专门技能,进行创造性劳动并对社会作出贡献的人,是人力资源中能力和素质较高的劳动者"。"产教融合"要求人才应当有坚定的"理想信念""责任担当""家国情怀",扎实过硬的"专业基本功"、突出的"创新能力"以及能适应岗位需求的"职场人意识"。二是满足多元主体的需求,引入多方多元参与,将学生创新力的培养融入"产教融合"项目之中,在项目中帮助学生锻炼才干,学会寻找问题、分析问题、解决问题,在产品打磨中增长创造力。三是运用大数据手段,依托网络学习平台,对学生每学期学习情况进行全面的数据记录汇总和分析,从而形成全方位、全过程、多角度的评价数据,定性评价与定量评价相结合、教学评价和市场评价相结合,使之成为撬动人才评价改革的"阿基米德支点"。四是创新实操能力评价方式,尊重学生实际操作技能创新成果及提升学生发现问题、解决问题的能力。按照人才培养的需求,将技能大赛融入课程中,并将其作为考评指标,从而促进学生创新力的发挥。

5.4 精准服务

"产教融合"实施服务是一种有益的合作模式,有助于促进产业发展和人才培养之间的紧密联系,为社会经济发展提供更多的支持和保障。"产教融合"实施服务的推行,不仅可以促进学校与企业之间的深度合作,还可以为学生和社会提供更好的服务与支持。

一是精准对接产业需求与专业设置。积极引进优质职业教育资源开办实训基地,把学校办进产业园区。坚持以产业发展需要为导向,动态调整实训基地专业设置,将市场供求比例、就业质量作为调整学科专业的重要依据,把专业建在产业链上。二是精准对接教学内容与生产过程。探索建立产业技术进步驱动课程改革机制,推行面向企业真实生产环境的任务式培养模式,按照科技发展水平和职业资格标准,对教学设计、课程设置等各个环节进行改革与再设计,使学校和产业共享技术、实训资源,把课堂搬到生产车间。三是精准对接职业规划与人才成长。建立校企联合培养人才长效机制,鼓励企业与高等院校合作开展"双培双推"人才培养工作,将企业人才送到高校继续深造,让人才得以充分成长。注重对人才文化素养、技能技术、职业精神等各方面的培养,引进第三方机构开展普惠性就业前培训、在职培训、再就业培训、创业培训及职业发展规划培训,切实让人才留得下、稳得住、有前途。

第6章

"产教融合"矛盾点

6.1 "双师型"教师的角色困境

从国家政策层面来看,最早在1995年的《国家教委关于开展建设示范性职业大学工作的通知》中提出了"双师型"教师的概念。文件中指出,"专业课教师和实习指导教师具有一定的专业实践能力,其中有三分之一以上的双师型教师""专业课教师和实习指导教师基本达到双师型要求"。

"双师型"教师是职业教育中最为重要且最为特殊的师资类型,与普通教师不同,"双师型"教师的职业地位、专业属性与工作目标具有独特的发展规律与内在逻辑。尽管我国的教育政策已经赋予了"双师型"教师特殊的地位,但是,职业身份的构建不仅需要政策定位(政治定位),更需要有社会认可(观念定位)。在我国现有的社会文化观念中放大了职业教育的"职业属性",而忽视了其"教育属性",因此,社会往往漠视"双师型"教师身份的教育性存在,导致他们面临着教育场域和企业场域的角色冲突。

当今技术存在的样态就是在科学理论、实践操作与社会淬炼以后演变而来的,这就决定了以技术传承与技术创新为职责的职业学校与行业企业必然要"跨界"合作。这种"跨界性"就是职业学校"双师型"教师的存在依据或内在要求,并且"双师型"教师要具有将知识体系与操作技能转换的能力。当前"双师型"教师的知识技能存在两重困难。一方面,新教师存在科学知识向工作技能转换的困难,如很多刚从普通工科院校毕业的专业教师并没有工程实践能力,既没有掌握学术向技术转换的"诀窍",又缺乏对生产过程的感性认知与体验,因此很难打破学术知识与技术技能之间的壁垒,不能高效实现两者之间的交流与转换。另一方面,虽然较大部分资深的专业教师具有娴熟的操作技能,但因为学习动力不足而导致技术更新不足,缺少技术创新、项目攻关与新产品研发等能力,以致于教学内容与工作实践严重脱节。对于"双师型"教师来说,他们觉得仅凭自己的专业水平,既不属于技能型教师,又不属于理论型教师。

除此之外,"双师型"教师身份的认同度不足,有较大部分的"双师型"教师来自企业生产第一线,他们具有较强的实践操作能力,但没有受过系统的教师专业训练,加上外界没有赋予他们有效的身份,导致他们出现身份认同危机。

6.2 职业技能大赛的育才局限

2004年,劳动与社会保障部(现为人力资源和社会保障部)组织开展了国家级职业技能竞赛系列活动,使社会各界开始积极关注职业技能竞赛对职业教育的影响和作用。2005年国务院颁布的《关于大力发展职业教育的决定》中明确指出要定期开展职业技能大赛活动。2008年2月28日,《教育部关于举办2008年全国职业院校技能大赛的通知》,明确了举办技能竞赛的总体方案,并就技能竞赛所涉及的专业领域和项目作出了规定。2008年6月28日,教育部正式提出建立职业教育技能竞赛制度,形成了"普通教育有高考,职业教育有竞赛"的局面。2014年5月,《国务院关于加快发展现代职业教育的决定》中明确指出,开展职业技能竞赛以推进人才培养模式创新。

职业教育的育人模式与教学内容、课程体系等密不可分。近年来,技能大赛由白热化发展至极端化,导致技能大赛与学生的职业技能培养和专业发展相脱离,使职业教育办学质量提升进程处于停滞状态。主要表现在以下两个方面。

(1)重技能轻理论。大赛考核项目侧重于专业技能,这也是大赛为提高广大职业院校学生技能水平的重要考虑,但并非意味着职业教育就是"技能教育"。有些学校为了在技能大赛上取得优异成绩,单纯只抓实际操作和技能训练,而忽略了实际操作赖以支撑的理论知识以及相关人文素养的培养,进而从以往职业教育注重传授理论而忽视实践走向注重技能而忽视理论的另一种极端。除此之外,部分职业技能大赛强调的技术能力无法与学生未来的就业岗位需求相匹配,所学技能与就业岗位所需经验不符。

(2)参赛目的功利化。一方面,对于高等职业院校而言,参加职业技能大赛的目标就是要获奖,为学校的发展和知名度提供有力"支撑"。这也就导致了很多高等职业院校往往重视结果而忽视指导过程,从而出现急功近利的现象。有的高等职业院校还为了拿大奖而取消理论教学,让学生全身心地投入比赛中,甚至出现以赛代考、以赛代学的情况。另一方面,有些高等职业院校拿大奖可能是为了追求经济利益最大化,学校给企业创造价值和利益,企业就能给学校投入更多的设备和实习就业岗位。

6.3 是否只能与头部企业合作

在"产能融合"领域,有人认为高校只能与头部企业合作,而中小企业很难在这个领域中找到合作机会。这种观点虽在一定程度上是有道理的,但我们认为高校并不只能和头部企业合作,中小企业同样可以在"产教融合"领域中找到合作和发展的机会。

首先,中小企业在"产教融合"领域中同样可以发挥重要作用。虽然头部企业在技术研发和资金投入方面拥有优势,但中小企业在灵活性和创新性方面具有自己的优势。许多中小企业在特定领域拥有丰富的经验和资源,也能够为"产教融合"领域提供独特的解决方案和服务。因此,"产教融合"并不只是头部企业的天下,中小企业同样可以在这个领域中发挥重要作用。

其次,"产教融合"领域的合作并不一定需要大规模的投资和资源。中小企业可以通过与其他中小企业合作,共同开发和推广"产教融合"方案。通过合作,中小企业可以共享资源和经验,降低开发成本,提高市场竞争力。此外,"产教融合"领域中的合作也可以促进中小企业之间的交流和合作,通过"抱团取暖"形成产业生态圈,共同推动行业发展。

最后,政府和行业协会也可以在"产教融合"领域中发挥重要作用,为中小企业提供支持和指导。政府可以通过制定政策和提供资金支持,鼓励中小企业在"产教融合"领域中开展合作和创新。行业协会可以组织培训和交流活动,帮助中小企业了解最新的技术趋势和市场需求,提高其在"产教融合"领域中的竞争力。

总的来说,"产教融合"并不只是头部企业的天下,中小企业同样可以在这个领域中找到合作和发展的机会。中小企业可以通过发挥自身优势,与其他企业合作,共同开发和推广"产教融合"方案。政府和行业协会也可以为中小企业提供支持和指导,促进"产教融合"领域中的合作和创新。随着"产教融合"领域的不断发展,中小企业在这个领域中的地位和作用将会越来越重要。

6.4 能否借鉴医院医学院前厂后店模式

医院医学院前厂后店模式是指医院与医学院合作,医学院提供医疗技术支持,医院提供实践场所,两者相互合作,共同发展。在某些方面,"产教融合"和医院医学院前厂后店模式有相似之处,但是在实际应用中,"产教融合"却不能借鉴医院医学院前厂后店模式。

首先,"产教融合"和医院医学院前厂后店模式所涉及的领域和行业不同。"产教融合"是一个涵盖了多个领域的工程项目,而医院医学院前厂后店模式是一种针对医疗行业的合作模式。二者所涉及的专业知识和技术要求是不同的,因此"产教融合"不能直接借鉴医院医学院前厂后店模式。

其次,"产教融合"和医院医学院前厂后店模式在合作模式和目标方面也存在差异。"产教融合"通常是由不同领域的专业人士组成团队来合作完成的,目标是为客户提供高质量的信息技术解决方案。而医院医学院前厂后店模式是医院和医学院之间的合作模式,目标是提高医院的医疗水平和科研能力。因此,"产教融合"和医院医学院前厂后店模式在合作模式和目标方面存在较大的差异,"产教融合"不能直接借鉴医院医学院前厂后店模式。

最后,"产教融合"和医院医学院前厂后店模式在实施过程中所涉及的法律法规和监管要求也存在差异。"产教融合"涉及的是信息技术领域,需要遵守信息安全、数据隐私等相关法律法规和监管要求。而医院医学院前厂后店模式涉及的是医疗行业,需要遵守医疗器械管理、医疗服务质量等相关法律法规和监管要求。因此,"产教融合"和医院医学院前厂后店模式在实施过程中所涉及的法律法规和监管要求也存在较大差异,"产教融合"不能直接借鉴医院医学院前厂后店模式。

综上所述,"产教融合"不能借鉴医院医学院前厂后店模式。虽然在某些方面两者存在一定的相似之处,但在实际应用中,"产教融合"和医院医学院前厂后店模式所涉及的领域、合作模式、目标和法律法规等方面都存在较大差异,因此"产教融合"不能直接借鉴医院医学院前厂后店模式。在实际应用中,"产教融合"应根据自身的特点和需求,制定适合自己的合作模式和发展目标,不能盲目借鉴其他行业的模式。

第 7 章

"产教融合"意义与价值

7.1 "产教融合"的意义

近年来,数字经济蓬勃发展,已经成为经济增长的主旋律。数字经济是以数据资源为重要生产要素,以现代信息网络为主要载体,以信息通信技术融合应用、全要素数字化转型为重要推动力,促进公平与效率更加统一的新经济形态。随着 5G、物联网、云计算、大数据、人工智能、区块链等新一代信息通信技术的创新应用,新一轮科技革命和产业变革持续推进,中国数字经济与实体经济深度融合并呈现快速发展趋势。中国信息通信研究院发布的《中国数字经济发展白皮书(2021)》显示,2020 年我国数字经济规模达到 39.2 万亿元,增速 9.7%,占 GDP 的比重为 38.6%,保持高位增长,是国民经济的核心增长极之一。在新型冠状病毒感染疫情的冲击下,全球经济增长乏力甚至衰退,数字经济仍保持高速增长,成为推动国民经济持续稳定增长的关键动力,对夺取疫情防控和经济社会发展双胜利发挥了重要作用。

数字经济的迅速崛起引发了人才短缺问题。当下产业经济发展到了数字经济阶段,表现为技术密集型产业,但缺乏能够适应和引领新一轮科技革命与产业变革的应用型、创新型、复合型等多元化卓越工程人才。2020 年 11 月 3 日,新华社受权发布的《中共中央关于制定国民经济和社会发展第十四个五年规划和二〇三五年远景目标的建议》提出,推动互联网、大数据、人工智能等同各产业深度融合,推动先进制造业集群发展,构建一批各具特色、优势互补、结构合理的战略型新兴产业增长引擎,培育新技术、新产品、新业态、新模式。2021 年 4 月 19 日,习近平总书记在考察清华大学时强调"要用好学科交叉融合的'催化剂',加强基础学科培养能力,打破学科专业壁垒,对现有学科专业体系进行调整升级,瞄准科技前沿和关键领域,推进新工科、新医科、新农科、新文科建设,加快培养紧缺人才"。

"产教融合"是深化教育改革,培养高素质应用型人才的根本要求和首要路径。2015年10月,教育部、国家发展改革委、财政部联合印发了《关于引导部分地方普通本科高校向应用型转变的指导意见》,推动这些高校的办学模式转变到"产教融合"上来。2017年12月,国务院办公厅印发《关于深化产教融合的若干意见》,为高校"产教融合"指明了道路、提供了方法。2021年5月18日,国家发展改革委发布了由国家发展改革委、教育部、人力资源社会保障部共同编制的《"十四五"时期教育强国推进工程实施方案》,提出要重点支持一批职业院校和应用型本科高校建设高水平、专业化、开放型"产教融合"实训基地。"产教融合"的实质是促进教育系统和产业系统异质性资源的优势互补。高校,尤其是应用型高校,与职业院校的人才培养改革要以现代产业发展需求为导向,以产、学、研紧密结合为依托,以培养实践能力和创新能力为核心,紧盯产业和技术升级需求,将新技术、新工艺、新规范等产业先进元素及时纳入教学标准和教学内容。

布局现代产业学院是"产教融合"的重要抓手。现代产业学院的布局是全面深化新工科建设的关键举措,在促进教育链、人才链、产业链与创新链的有效衔接,以及深化"产教融合"、校企合作等方面起关键作用,是加快培养应用型、创新型、复合型人才的一项战略安排。

7.2 "产教融合"的价值

7.2.1 促进泛IT教育改革

产教融合不仅可以促进教育改革、提高教育质量、为企业输送优秀人才、增强产业竞争力、促进就业与创业以及推动区域经济发展,还可以创新教学形式、提升教学水平。因此,我们应积极推动产教融合在泛IT教育领域的深入发展,为社会培养更多高素质、创新型的IT人才。

第一,形成可以输送到高校或中介机构的人才培养方案。社会发展对人才培养提出了新要求,"产教融合"明确人才的界定范围,将产业界与教育界紧密结合起来,使人才培养更加贴近市场需求,促进人才培养方案的调整和优化,强调对人才实践能力与职业素养的培养,推动教育教学改革和教育资源的优化配置,以提高人才培养匹配度。

第二,促进教育评价改革。教育评价是对教育活动进行系统、客观、全面评估的过程,其目的在于改进教育质量、促进教育发展。"产教融合"通过提供实际的工作环境和创新实践机会,推动泛IT教育工程中教育评价目标、内容、方法、主体等方面的多元化转变,促使评价从学生知识技能掌握程度向对其综合素质考量转变。除传统笔面试之外,学校教师、企业导师、行业专家等多元主体也将从项目评价、实践报告中考核学生的能力。

第三,推动产业学院建设。产业学院是一种以产业需求为导向,以培养产业所需的专业技能和人才为目标的教育机构。它不仅仅是一所传统的教育机构,更是一个与产业紧密结合的实践基地。在产业学院中,学生不仅可以学习到理论知识,还可以通过实践项目和产业合作来提升自己的实际能力和技能。这种教育模式不仅使学生能够更好地适应产业的需求,也使得学校能够更好地为产业输送所需的人才。

第四,形成专业共建。在过去的培养模式中,学校和企业往往独立进行培养,学校注重理论知识传授,而企业注重实际操作技能培养。然而,随着社会的发展,这种模式已经无法满足人才培养需求,因此需要学校和企业双方进行更加紧密的合作,共同制订培养计划,为学生提供更加全面的培养,只有这样才能更好地满足社会对人才的需求。

7.2.2 助力泛IT人才培养

"产教融合"在泛IT人才培养方面具有显著的价值。通过深化"产教融合",我们可以获得人才培养的工具和资源、人才培养评价的工具,从而提升师资队伍水平、形成泛IT人才生态圈,培养出更多具备实践能力和创新精神的高素质IT人才,为产业发展和社会进步提供有力的人才保障。

第一,提供学习工具和资源。通过建立在线学习平台,为学习者提供丰富的学习资源,包括视频教程、在线课程、学习资料等,帮助学习者系统地学习IT知识和技能,提高他们的专业水平。此外,加强校企合作,开展实习项目,为学习者提供更多的实践机会和就业机会,让学习者在实际工作中学习和锻炼,帮助学习者提前适应行业环境,了解职业要求,为未来的职业发展打下坚实基础。

第二,提供评价工具。根据不同岗位和不同技能的特点,结合IT行业的特点和需求,及时调整评价标准和内容,以适应行业的变化,为不同类型的IT人才提供精准评价。基于产业需求和教学特点制定的评价工具,能够更准确地反映学生的职业发展方向和就业竞争力,还可以为学校和企业提供有针对性的反馈和建议,帮助他们更好地调整教学内容和方法,提高人才培养质量。

第三,推动师资队伍建设。首先,建设完善的师资培养体系,从而推动相关领域师范生的培养,使教师在职前培养中能够掌握最新知识和教学方法。其次,在职业发展过程中,合作企业参与教师队伍建设,加强对教师的专业发展指导,促进教师专业技术和创新能力的提升。最后,建立一套科学的激励机制,鼓励教师在重视科研成果的同时,提升应用科研的意识与能力,对接行业企业技术创新能力,真正将科学研究与人才培养和社会服务紧密结合起来。

第四,形成泛IT人才生态圈。泛IT教育工程的主要服务对象是政府、学生、学校、企业以及中介机构等,主要专注于泛IT人才培养、泛IT人才评价及泛IT人才就业,推动产业资源为人才培养赋能,各方明确自身职责,建立互利互惠的协作沟通机制,形成由泛IT人才、高校、中介机构、企业和政府共同构建的生态圈,如表7-1所示。

表7-1 泛IT人才生态圈

主体	投入	目的	我们的服务
政府	(1)发展纲要。(2)机构支撑,如教育部、人社部、工信部等。(3)系列政策法规。(4)教育经费与激励。(5)国家/区域关联项目,比如世界技能大赛等。(6)舆论导向	(1)为产业前沿稳健输送中高层次人才,支撑高质量发展(核心)。(2)新工科、产教融合,推动应用型高校和职业教育健康发展(方向)。(3)产业与中介机构要有明确的社会责任担当(手段)	(1)产业人才发展报告/白皮书。(2)新工科的研究;产教融合的研究与实践。(3)把产业一线的技术和工具引入人才培养中来。(4)把产业一线的技术资源转换成课程资源。(5)积极申报和承担与政府科研、教研、人才培养、人才评价相关的项目。(6)承办比赛、积极参与赛事、创新比赛项目。(7)推广先进的人才培养观念和方法

续表

主体	投入	目的	我们的服务
学生	(1)梦想期望。 (2)学习费用。 (3)学习时间	(1)完成学业。 (2)继续深造。 (3)预期就业、高质量发展	(1)引导学生有梦想、有规划、学会自我管理。 (2)教学过程中,以会员形式为学生提供全过程的服务。 (3)在教学过程中,因人而异,提供精准服务。 (4)为就业过程、终身学习提供服务
学校	(1)学校品牌、资源、设施。 (2)学校"双一流"建设。 (3)师资、学术带头人的引入。 (4)管理与服务	(1)提高学校品牌知名度、美誉度,如实现"双一流"建设。 (2)教职工生存、发展。 (3)提高毕业生就业率、就业质量。 (4)杰出校友、经费。 (5)优质生源	(1)共建"现代产业学院",如武汉工商学院计算机与自动化学院。 (2)专业共建(师资力量、人培方案、实验室)。 (3)提供学习工具。 (4)提供评价工具。 (5)提供见习、就业实训。 (6)提供竞赛合作服务
企业	(1)实习/实训机会。 (2)职场环境(软硬件)。 (3)企业专家。 (4)共建企业创新实验室	(1)社会责任担当。 (2)管培生,纳新性价比最高。 (3)锁定目标人才。 (4)聘用符合职场要求的工科毕业生。 (5)产业转型/升级。 (6)满足研发人才需求	(1)提供人才提升工具(实训小镇,就业培训)。 (2)提供人才住宿(青年公寓)。 (3)提供人才评价工具(英诺维评价)。 (4)提供研发服务(企业软件项目开发)。 (5)提供见习、就业岗位(子杰软件,其他公司)。 (6)提供竞赛合作服务
中介机构	(1)服务能力。 (2)资金。 (3)资源	打入产业链/生态圈	(1)提供人力资源服务(匠盛人才派遣、项目合作)。 (2)提供共享办公软硬件(众创空间、孵化器、共享办公)

7.2.3 发挥社会服务作用

"产教融合"的价值在于能够充分发挥社会服务作用,促进教育与产业深度融合、促进教育与世界接轨、提升教育的社会服务能力、推动区域经济发展、增强社会认可度以及获得政策推动与支持。这些价值还展示了"产教融合"在社会服务方面的广阔前景和深远意义。

第一,促进世界技能大赛在地方的开展。世界技能大赛作为国际性的技能竞赛,旨在提高青年技能人才的水平,促进国际技能交流与合作。将"产教融合"与世界技能大赛相结合,不仅可以推动技能人才的培养和交流,还可以促进地方经济发展和社会进步。

第二,促进教育服务和当地经济发展。一方面,利用信息技术,通过建设数字化校园、智慧校园、"互联网+教育"等方式,推动教育服务的现代化和智能化发展。学校通过信息化管理和教学资源共享,在提升教学质量和效率的同时,可以为学生提供更加个性化的学习方式,满足不同学生的学习需求,提高教育服务质量。另一方面,学校对于信息技术和通信技术的需求将带动当地信息技术产业发展,例如教育软件开发、教育设备制造等,从而促进当地经济发展。同时还可以为学生提供更多的就业机会,促进人才的培养和就业,从而为当地的经济发展注入新的活力。

第三,促进资源共享。在"产教融合"过程中,不同单位和个人可以共享各种资源,避免了资源的重复建设和浪费,提高了资源利用效率。同时,泛IT工程建设推动了技术的传播和应用,促使不同行业之间进行技术交流和合作,推动了产业的融合和升级。例如,通过开放源代码和开放API,软件开发者可以共享各种技术工具和资源,加快了软件开发的速度。

第四,拓宽就业领域。随着信息技术的普及和广泛应用,各行各业都在进行数字化转型,使得IT人才的需求量急剧上升。从基础的计算机操作、网络维护,到高级的软件开发、数据分析,IT人才在各行各业都发挥着至关重要的作用。除了传统的IT行业,金融、教育、医疗、娱乐等各行各业都在积极引进IT人才,以推动自身的数字化转型和创新发展,使IT人才有了更广阔的就业空间,但只有具备足够高的综合素质和竞争力,才能适应日新月异的行业发展需要。

第三部分

泛IT现代产业学院建设

第8章

建设方案

培养适应和引领现代产业发展的高素质应用型、复合型、创新型人才,是高等教育支撑经济高质量发展的必然要求,是推动高校分类发展、特色发展的重要举措。随着产教融合政策的深化以及高职院校、地方本科院校的转型优化,现代产业学院这一新兴发展形态逐渐崭露头角。2020年7月,教育部办公厅、工业和信息化部办公厅印发《现代产业学院建设指南(试行)》,为现代产业学院建设提供了有力的政策支撑,提出"经过四年左右时间,以区域产业发展急需为牵引,面向行业特色鲜明、与产业联系紧密的高校,重点是应用型高校,建设一批现代产业学院",从国家规范性文件层面为现代产业学院建设指明了方向。

产业学院是产教深度融合、校企深度合作的产物,现代产业学院是在产业学院的基础上提出的新概念,是产业学院的升级,是大力推进地方本科高校与企业实现校企合作、产教融合、协同育人的有效途径,也是明确地方本科高校办学定位、形成应用型人才培养特色、促进地方经济发展的必然举措。现代产业学院是在政府相关政策的直接驱动下产生的,面向产业前沿和前沿产业,由高校(含普通高校和职业高等学校)与行业、企业联合设置,通过促进校、行、企之间物质、信息、知识、人才和技术等资源的充分共建共享,一体化实现专业教学、科技研发、企业服务和创新创业等功能的混合型办学实体组织,是一种多主体共建共管共享的深化"产教融合"的组织形式,其以人才培养为主,为区域产业发展服务。

泛IT现代产业学院是泛IT工程在时代背景下的具体实践,它和泛IT工程之间的关系是实践和理论的关系。

泛IT现代产业学院是泛IT产教融合的一种组织形式的体现。

泛IT现代产业学院探索泛IT学院建设模式,落实泛IT人才工程;同时通过开放的合作机制,让各种社会资源按照泛IT现代产业学院建设模式进行产业学院建设。不同的泛IT现代产业学院可以在功能上进行适当裁剪。

8.1 建设目标

泛IT现代产业学院的建设目标是培养适应当今信息技术和现代产业发展需求的高素质人才,促进我国信息技术产业的发展和升级。该学院将致力于培养具有国际视野和创新精神的人才,为我国信息技术产业的发展注入新的活力和动力。

首先,泛IT现代产业学院将致力于构建一支高水平的师资队伍。学院将招聘具有丰富教学经验和实践经验的教师,他们将为学生提供最新的知识和技能培训。此外,学院还将邀请国内外知名专家学者来进行学术交流和合作研究,为学生提供更广阔的学术视野和机会。

其次,泛IT现代产业学院将注重学生综合素质的培养。学院将开设多样化的课程,旨在培养学生的创新思维、团队合作能力和实践能力。学院还将提供丰富的实习和实践机会,让学生在校园内外都能够学以致用,将所学知识和技能运用到实际工作中。

再次,泛IT现代产业学院将积极倡导国际化办学理念。学院将与国外知名高校建立合作关系,开展学生交流和合作项目,为学生提供赴国外留学和交流的机会。同时,学院还将邀请国际知名学者和企业家来校讲学和交流,为学生提供国际化的学习环境和机会。

最后,泛IT现代产业学院将积极与企业合作,促进产、学、研深度融合。学院将与行业领先企业建立合作关系,开展产、学、研项目,为学生提供更多的实践机会和就业机会。学院还将积极开展科研项目,为企业提供技术支持和解决方案,促进信息技术产业的发展和升级。

综上所述,泛IT现代产业学院的建设目标是为了培养适应当今信息技术和现代产业发展需求的高素质人才,促进我国信息技术产业的发展和升级。学院将致力于构建高水平的师资队伍,注重学生综合素质的培养,倡导国际化办学理念,积极与企业合作,促进产、学、研深度融合。相信在不久的将来,泛IT现代产业学院将成为我国信息技术产业人才培养和科研创新的重要基地,为我国信息技术产业发展作出贡献。

8.2 建设机制

8.2.1 四链融合机制

瞄准与地方经济社会发展的结合点，不断优化专业结构、增强办学活力，探索产业链、专业链、课程链和人才链融合一致。

泛IT现代产业学院在设计和调整教学与专业课程时，需要密切关注和积极响应地方经济和社会发展需求。一方面，明确发展需求，定期进行市场和行业的需求分析，了解地方经济发展趋势和行业需求，特别是IT工程领域的人才需求。这包括了解新兴技术的发展，以及地方企业在技术升级和创新发展中面临的挑战和机遇。另一方面，基于需求分析结果，调整和设置相关专业课程，强化实践教学，与本地企业合作，为学生提供实习和实践的机会。同时，及时更新教学内容和专业结构，确保其始终与地方经济社会发展的需求保持同步，不断增强办学活力。

在现代产业学院中实现产业链、专业链、课程链和人才链的深度融合和一致性，是提升职业教育质量和适应性的关键。产业链涉及同一产业或不同产业的企业，以产品为核心，通过专业化分工、投入产出关系、价值增值和用户需求满足，形成动态的链式组织。专业链反映学科专业从课程研发到分支领域、新专业和边缘学科的衍生过程，与产业链的衍生具有对应性和一致性。课程链以项目、能力培养或主题为核心，以教学目标为主线，通过具有教学逻辑关系或递进层次的系列课程的链式组合而成。课程体系应打破传统框架和界限，重组课程，形成具有一定层次和交叉度的课程链。人才链描述职业教育所培养的人才规格，从适用于产业顶端开发到适用于产业衍生和下行分化开发的培养系列。产业链解决"培养什么"即培养目标的问题；人才链是核心纽带，解决"为谁培养"的问题；专业链是人才培养的关键；课程链是人才培养的核心。

为了更好地服务于地方产业发展，泛IT现代产业学院必须确保专业链、人才链与产业链的有效衔接和统一，以满足产业链的发展和人力资源需求。在现代产业学院中，专业链、课程链和人才链作为人才供给方，产业链作为人才需求方，双方之间需要深化产教融合，促进四链有机交融，供需精准对接。这对于推进人力资源供给侧结构性改革、提升职业教育质量和适应性，具有重大意义。

通过这种四链融合机制，泛IT现代产业学院不仅能提供学科知识和人才支持，还能确保人才培养与市场需求同步，从而有效提升毕业生的就业能力和职业发展潜力。

8.2.2 开放共享机制

建立新型信息、人才、技术与物质资源共享机制，从而促进教育资源的优化配置，提升人才培养质量，加强高校与企业的合作。

现代产业学院是由人、财、物和信息构成的开放系统，其中人、财、物等要素都要通过信息的形式在系统中流动，信息是组织间沟通和决策的基本依据。要提高现代产业学院的运行绩效，就要建立组织间的信息共享机制。开放的信息共享，促使高校、企业以及研究机构能够实时获取行业最新动态、技术发展趋势和市场需求等信息，有助于教育内容与企业需求之间实现有效衔接，从而使教育更加贴近产业发展实际。

育人是现代产业学院的基本职能，通过探索出特别的育人模式，实现人才培养供给侧与产业需求侧无缝对接、教育要素与生产要素的全面融合。学校发挥学科专业优势，紧密对接产业链，建设产业适配度高、办学质量优、特色优势强的专业集群，实现"专业—产业—职业"之间的结构性匹配，增强人才链对区域产业和经济社会高质量发展的适应性；行业企业深度参与人才培养目标和规格制定，参与人才课程建设和教材开发，重构课程体系、优化课程结构、改革课程内容，实现学习内容与产业要素全面对接；充分利用合作企业及所在产业园区（或高新技术开发区）的优质资源，建设真实生产、科学实验、实践教学、技术研发、创新创业和师资培训等功能集约的校企一体化、"产、学、研、用"协同化的跨学科、跨专业、跨部门的实习实训基地和创新创业培育基地；校企人才优势互补、双向流动，学校教师和企业骨干、管理人才共同授课、联合指导，形成结构化高水平的"双师双能型"教学创新团队。

作为深化"产教融合"的组织，现代产业学院只有将产业和教育有效衔接，多元主体之间共享产业信息、新技术等资源，才能激发内在动力，有效融合，完善人才培养协同机制。

8.2.3 产教联动机制

完善"产教融合"协同育人机制，创新企业兼职教师评聘机制，构建高等教育与产业集群联动发展机制。

从政策、制度层面推动产业界与教育界的深度合作,强化校企协同,促进教育资源与企业需求的紧密对接。在此基础上,构建多元化、开放式的育人平台,以提高人才培养的针对性和实用性,满足产业发展的需求。

在高等教育机构中引入具有丰富实践经验的企业专家担任兼职教师,以提高教学质量和培养学生的实际操作能力。在此过程中,需要建立一套科学、合理的评价和聘任体系,包括职称评定、薪酬激励等政策,以充分调动企业专家的积极性,提高教学质量。

要推动高等教育与产业集群之间的紧密联系和互动发展。通过建立高等教育与产业集群的联动发展机制,可以实现人才培养、科技创新和产业发展的良性互动,推动教育链、人才链与产业链的有机衔接,为区域经济发展提供有力支撑。

8.3 核心内涵

8.3.1 需求层面:对接产业技术创新需求

新经济背景下,产业转型、技术升级和产品迭代明显加速。新技术、新产业、新业态亟待高校培养和输送有较强理解力、能有效解决实际问题的高素质新工科人才。不同于传统意义上高校对产业需求较多考虑的是人才数量规模层面,新工科现代产业学院紧紧围绕知识密集型产业,特别是新一代信息技术、新材料、高端装备制造等新兴产业的技术创新需求,发挥产业学院贴近行业企业技术前沿的组织优势,对接产业的技术创新需求,以优化新工科人才培养目标和具体的专业培养规格,夯实人才的科技知识储备、工程实践能力和综合素质。

8.3.2 组织理念:交叉融合与协同共享

"新工科"基本理念是继承与创新、交叉与融合、协调与共享。现代产业学院的目的就是致力于破解地方高校工程技术人才培养供给与产业需求脱节的矛盾,有效整合区域创新资源与校内教育资源,促使校、政、企等多主体价值融合、功能互补、资源共享、协同创新。事实证明,产业学院从建设开始,其组织理念就与"新工科"的交叉融合、协同共享等理念高度契合。

8.3.3 功能特征:具有复合一体性

现代产业学院将产业或行业企业的先进设备、先进技术标准及企业内部工程师培训体系引入教学体系,实施产学合作、科教融合。在这个过程中,学生获得了跨组织、跨学科的学习体验,教师与企业工程师可以一起聚焦某个共性技术问题进行联合技术攻关或研发,企业或产业园区等主体可以依托现代产业学院的创新平台进行技术培训,高校也可以利用现代产业学院的科教平台进行技术服务,实现工程技术人才培养、技术研发和社会服务等一体化功能,有力促进人才培养链、地方产业链和创新链的深度对接。

第 9 章

建设内容

9.1 教学体系建设

9.1.1 实验室建设

泛 IT 现代产业学院是推动产教深度融合、校企深度合作的新模式和新载体。随着科技不断发展,实验室建设也变得越来越重要。实验室是学院教学科研的重要场所,对于学生实践能力培养和科研成果产出起着至关重要的作用。因此,对于武汉工商学院泛 IT 现代产业学院来说,实验室建设至关重要。

首先,实验室建设是为了提高学生的实践能力。计算机与自动化专业是一个理论与实践相结合的专业,实验课程是学生将理论知识运用到实际操作中的重要环节。通过实验课程,学生可以加深对课程内容的理解,提高动手能力和实际操作能力,培养解决问题的能力。因此,实验室建设需要配备先进的设备和工具,以满足学生实验需求,提高实验教学质量。

其次,实验室建设是为了支持科研成果的产出。计算机与自动化专业是一个前沿的专业领域,科研工作需要依托实验室的支持。实验室不仅可以提供给科研人员进行科学实验,还可以提供必要的设备和技术支持。只有实验室建设得当,科研工作才能顺利进行,科研成果才能不断产出。

最后,实验室建设也是学院教学科研水平的重要体现。一个学科的实验室建设情况直接反映了学科的教学科研水平。实验室建设得好,可以吸引更多优秀的学生和科研人员加入学院,提高学院的学术声誉和影响力。

因此,泛 IT 现代产业学院实验室建设需要引起学校和学院的高度重视。学校和学院应该加大对实验室建设的投入,提高实验室的硬件设施和软件设备水平,培养专业技术人员,提高实验室的管理水平,为学生的实践能力培养和科研成果的产出提供更好的支持。只有实验室建设得当,泛IT现代产业学院才能在教学科研领域取得更大的成就。

9.1.2 教研中心建设

随着科技的不断发展,泛IT现代产业学院教研中心的建设变得愈发重要。教研中心是学院的核心部门,它承担着教学科研任务,促进学术交流和学科发展。因此,建设一个高水平的教研中心对于学院发展至关重要。它不仅可以提高学院的教学质量,促进学术交流与合作,推动科研工作,还可以为学院发展注入新的活力。

首先,教研中心的建设可以提高学院的教学质量。通过建设教研中心,学院可以引进更先进的教学设备和技术,提高教学质量,提升学生的学习体验。教研中心还可以组织教师参加各种教学培训,提升教师的教学水平,从而提高整个学院的教学质量。

其次,教研中心的建设可以促进学术交流和合作。教研中心可以组织各种学术活动,如学术讲座、学术研讨会等,吸引国内外优秀学者来学院交流,促进学术交流与合作。这有助于学院学术氛围的建设,提升学术声誉,有利于学院的学科建设和发展。

再次,教研中心的建设还可以推动学院的科研工作。教研中心可以组织学院内部的科研项目,支持教师进行科研工作,提供科研经费和实验设备。同时,教研中心可以与企业合作,开展"产、学、研"合作,促进科研成果的转化和应用,推动学院的科研工作向产业化方向发展。

最后,教研中心的建设需要全院师生共同努力。师生要积极参与教研中心的建设,提出建设意见和建议,为教研中心的发展贡献自己的力量。同时,学院领导也要高度重视教研中心的建设,提供必要的支持和保障,为教研中心发展创造良好的条件。

武汉工商学院泛IT现代产业学院是由武汉工商学院计算机与自动化学院与上海子杰软件有限公司共同建设的,目的是解决学校的人才培养问题和企业科技研发问题。根据人才培养要求和计算机与自动化学院的学科设置建立了对应的教研体系,对应学院的四个系,分别是计算机科学与技术系、软件工程系、机器人工程系、机械电子系。以下将详细阐述各个系的教研管理内容。

1. 计算机科学与技术系

计算机科学与技术系的教研管理是确保教学和研究工作顺利进行的重要组成部分。教研管理涵盖了课程设计、教学资源管理、师资队伍建设以及研究项目管理等方面。在这个科技高速发展的时代,计算机科学与技术系的教研管理显得尤为重要。

首先,课程设计是教研管理的核心。计算机科学与技术系要根据学科特点和教学目标,合理规划课程设置,并及时进行调整和改进。通过科学的课程设计,可以确保教学内容与时俱进,紧跟行业发展的步伐。此外,课程设计还需要考虑学生的学习需求和能力水平,提供多样化的教学方法和评价体系,以提高教学效果和学生的学习兴趣。

其次,教学资源管理是教研管理的重要环节。计算机科学与技术系需要合理配置和管理教学资源,包括教室、实验室设备、教材、软件等。教学资源管理要保证资源的充分利用和合理分配,提高教学效率和质量。同时,还要积极引进和开发教学资源,推动教学手段的创新,提供更好的教学环境和条件。

再次,师资队伍建设是教研管理不可忽视的方面。计算机科学与技术系需要拥有一支高素质的师资队伍,包括教授、副教授、讲师等不同层次的教师。教研管理要注重培养和引进优秀的教师,提供良好的职业发展机会和培训机制,激发教师的创新能力和教学热情。通过优质的师资队伍建设,可以提高教学质量和科研水平,培养更多的优秀人才。

最后,研究项目管理是促进科研工作的关键。计算机科学与技术系的教师和研究生需要积极参与科研项目的申报、管理和执行。教研管理要加强对项目的管理和监督,确保科研工作顺利进行和成果有效转化。同时,还要鼓励教师和研究生之间的合作与交流,促进科研成果共享和应用。

2. 软件工程系

软件工程系教研管理是一个至关重要的方面,它对于提高教学质量、推动学生创新能力培养以及促进教师教学方法改进具有重要意义。

首先,软件工程系教研管理对于提高教学质量至关重要。通过科学合理地组织教研活动,教师们可以相互交流经验、分享教学资源,从而有效地促进教学水平提升。教师们可以通过教研活动的讨论和反思,发现教学中存在的问题,并及时采取相应的改进措施,从而提高教学质量,使学生能够更好地掌握软件工程的知识和技能。

其次，软件工程系教研管理对于推动学生创新能力培养具有重要意义。软件工程是一门需要创新思维和实践能力的学科，通过开展教研活动，可以为学生提供更多的创新机会和平台。例如，可以组织学生参与软件开发项目，让他们亲自动手实践，培养解决问题的能力和创新意识。此外，教研管理还可以鼓励学生参与科研项目和竞赛，提高他们的科研能力和创新水平。

最后，软件工程系教研管理对于促进教师教学方法改进具有重要意义。通过教研活动，教师们可以相互借鉴和学习，了解其他教师的教学方法和经验，从而不断改进自己的教学方式和教学手段。教师们可以在教研活动中分享自己的教学案例，探讨教学中的难题，共同寻求最佳的教学解决方案。这将有助于提高教师的教学效果，使教学更加生动有趣，激发学生的学习兴趣和积极性。

3. 机器人工程系

机器人工程系是一个专注于机器人技术研究和应用的部门。作为一个新兴领域，机器人工程在现代科技发展中扮演着重要的角色。该系的教研管理关键是确保学生在学习过程中获得全面的培养和指导。

首先，教研管理人员负责制定并完善机器人工程系的课程设置。他们需要根据行业趋势和学生需求，设计出适应性强、前沿性强的课程体系。通过科学合理的课程设置，学生能够系统地学习机器人工程的基础知识、核心技术和创新应用，为未来职业发展打下坚实的基础。

其次，教研管理人员还承担着教师队伍建设的重要任务。他们需要招聘优秀的教师，需具备丰富的行业经验和教学能力。这些教师不仅要在学术研究上有突出的成就，还要具备良好的教学方法和沟通能力，能够激发学生的学习兴趣和创新思维。此外，教研管理人员还需要对教师进行培训和评估，确保教师的教学质量和教育水平能够与学院发展需求相匹配。

再次，教研管理人员还要关注学生的学习和发展。他们需要建立健全学生管理制度，为学生提供良好的学习环境和学习资源。通过开展各类实践活动、科研项目和创新竞赛，激发学生的学习热情和实践能力，培养学生的创新精神和团队合作意识。此外，教研管理人员还要进行学生评估和辅导，及时发现和解决学生在学习中遇到的问题，帮助学生充分发挥自己的潜力和才华。

最后，教研管理人员还需要与行业和社会建立紧密联系。他们需要积极开展科研合作和技术转化，推动机器人工程技术的创新和应用。与企业和机构建立合作关系，为学生提供实习机会和就业渠道，促进学院与社会的良性互动。

通过行业调研和市场分析,教研管理还要及时调整课程设置和教学内容,确保学生所学的知识和技能与市场需求相匹配。

4. 机械电子系

机械电子系是一个重要的工程学科,涵盖了机械工程和电子工程两个领域。作为教研管理人员,我们的职责是确保教学质量提高和教学资源充分利用。

首先,我们需要制订合理的教学计划。这需要根据学科特点和学生需求,确定每门课程的内容和教学目标。同时,我们要根据课程难度和学生水平,合理安排教学进度和考试安排,以确保教学进程顺利进行。

其次,我们要关注教学方法的改进和创新。机械电子学科涉及很多理论知识和实践技能,因此,我们需要灵活运用多种教学方法,如讲解、实验、案例分析等,以提高教学效果。同时,我们也要关注教学资源的更新和开发,利用先进的教学设备和技术,提升学生的实践能力和创新意识。

再次,教师团队建设也是教研管理的重要方面。我们要注重教师队伍的专业素养和教学能力的提升。通过定期的培训和学术交流,不断提高教师的教学水平和教育教学研究能力。同时,我们还要加强师资队伍的管理和激励机制,建立健全教师评价体系,激发教师的积极性和创造力。

从次,我们还要加强与行业和企业的合作。机械电子系紧密联系着工业生产和技术创新。通过与行业和企业的合作,可以为学生提供实践机会和就业渠道,同时也可以获取最新的行业动态和技术发展趋势,为教学内容的更新和调整提供参考。

最后,教研管理人员还要注重学生的学习效果评估和反馈机制的建立。通过定期的考试和作业评阅,及时发现学生的学习问题和困难,并及时采取措施加以解决。同时,我们还要注重学生的意见反馈,建立良好的沟通渠道,以促进教学质量不断提高。

计算机科学与技术系、软件工程系的部分教材如表9-1所示。

表9-1 计算机科学与技术系、软件工程系的部分教材

课程教材名称	
Java Web开发技术	人工智能导论
JavaScript程序设计	软件项目管理
Java Web软件开发综合项目实训	网络安全与密码学

续表

课程教材名称	
软件测试技术	移动互联网技术与应用
网页设计与制作	云计算与大数据技术
软件工程	人机交互设计
软件工程实训	信息检索与搜索引擎
统一建模语言	嵌入式系统设计与开发
软件需求工程	数据挖掘与商业智能
移动应用开发	软件质量保证与测试
数据库基础与应用	物联网技术与应用
计算机网络原理与应用	软件工程管理
面向对象程序设计	多媒体技术与应用
数据结构与算法	分布式系统原理与技术
操作系统原理与设计	编程语言与编译技术

机械电子系部分教材如表9-2所示。

表9-2 机械电子系部分教材

电工技术	工程力学Ⅱ	计算机网络
电工技术实验	液压传动控制	UG建模与机械制图
电子技术	有限元仿真技术	Creo建模与机械制图
电子技术实验	现代实验方法	SolidWorks建模与机械制图
工程力学Ⅰ	先进制造技术	Matlab应用
机械原理	机械制造工艺学	机电传动控制
自动控制原理	机电综合设计	机器人建模与仿真
机械设计基础	知识产权与行业标准A	机器人运动规划
传感器与检测技术	项目管理A	知识产权与行业标准B
机电系统设计与控制	计算机控制技术	项目管理B
机械制造基础	单片机原理与应用	工程材料
热工基础及流体力学	工程计算方法基础	机器人学

机器人工程系部分教材如表9-3所示。

表9-3　机器人工程系部分教材

高等数学Ⅰ	智能物联网	单片机原理及应用	项目管理
工程制图Ⅰ	无人机飞控基础	自动控制原理	智能车仿真设计
工程导论	自动驾驶	计算机控制技术	机器人建模与仿真
高等数学Ⅱ	系统可靠性设计	机器人操作系统	机器学习
线性代数	电磁兼容原理及应用	机器人学	机器人控制与机器视觉
大学物理Ⅰ	集群机器人导论	机器人传感技术	机器人智能控制综合实验
C语言课程设计	程序设计基础	机器人运动规划	现代控制理论
大学物理Ⅱ	电工技术基础	Python程序设计	Python与机器人程序设计
大学物理实验	电工技术基础实验	机器人驱动与控制	传感器与检测技术
复变函数与积分变换	数字电子技术	移动机器人技术	机电传动控制
概率论与数理统计	数字电子技术实验	电机拖动	Java程序设计
Matlab应用	模拟电子技术	机器人驱控综合设计	模拟电子技术实验

9.1.3 一流专业建设

随着科技的不断发展，泛IT现代产业学院的专业建设变得愈发重要。作为一流专业，泛IT现代产业学院的专业建设需要从多个方面进行全面规划和实施，以适应当前社会和市场的需求，培养高素质人才。

首先，一流专业建设需要紧跟科技发展步伐，不断更新课程内容，引入最新的技术和理论。泛IT现代产业学院应该设立一支专门的教学团队，他们需要密切关注行业动态，及时调整课程设置，确保学生学习到最新、最实用的知识。同时，学院还应该加强与企业的合作，开展实践教学，让学生在校期间就能接触到真实的工作场景，提前适应未来的职业发展。

其次，一流专业建设需要注重学生综合素质培养。除了专业知识外，学院还应该注重学生的创新能力、团队合作能力以及跨学科的综合能力培养。这些素质对于学生未来的职业发展至关重要，学院应该通过开设相关课程和组织各类实践活动来培养学生的综合素质，使他们在毕业后能够胜任各种工作和挑战。

再次，一流专业建设还需要注重教学设施和实验条件的改善。泛IT现代产业学院的专业特点决定了实验教学在学生培养中的重要性。学院应该加大对实验室的建设投入，引进最先进的设备和技术，提高实验条件，为学生提供良好的学习环境和条件。

最后，一流专业建设需要注重教师队伍建设。优秀的教师团队是一流专业建设的关键。学院应该加强对教师的培训和引进，提高他们的教学水平和科研能力，激励他们积极参与学院的建设和发展。同时，学院还应该加强对教师的激励和保障，营造良好的教育教学氛围，吸引更多优秀的人才加入泛IT现代产业学院的教学队伍中来。

根据学院性质和学院建设体系，泛IT现代产业学院设立计算机科学与技术专业、软件工程专业、机器人工程专业、机械电子专业等四个专业，不同的专业有自身独特的建设方案。

1. 计算机科学与技术专业建设方案

计算机科学与技术专业建设方案对于培养高素质的计算机科学与技术人才具有重要意义。该专业建设方案应当充分考虑当前社会和经济发展的需求，紧密结合行业发展趋势和技术创新，以及学生的学习需求和个人发展规划。在课程设置上，应该注重理论与实践相结合，注重基础科学与前沿技术的融合，培养学生的创新能力和解决问题的能力。同时，还应加强实践教学和科研训练，为学生提供更多的实践机会和科研平台，以便他们能够在毕业后更好地适应社会的需求和发展。专业建设方案还应注重师资队伍的建设和学科建设，引进和培养高水平的教师和科研团队，加强学科交叉与合作，提高教学和科研水平。综合来看，计算机科学与技术专业建设方案应当立足于培养应用型、创新型和复合型的高级专门人才，以满足社会发展和经济建设的需求，推动学科的发展和进步。

2. 软件工程专业建设方案

根据当前信息技术发展的需求和趋势，软件工程专业建设方案应当充分考虑培养学生的创新能力、实践能力和团队合作精神。首先，课程设置应当注重理论与实践相结合，培养学生的解决问题能力和创新思维。其次，实验室建设和实习实训环节应当得到充分重视，为学生提供更多的实际操作机会，让他们在真实的项目中锻炼自己的技能。再次,导师制度的建立也是必不可少的,通过与导师的深度交流和指导,学生可以更好地理解专业知识,提升自己的学术水平和研究能力。最后,软件工程专业建设方案还应当重视学科交叉和国际化教育,培养学生的跨学科思维和国际视野,使他们具备全球化竞争力。综上所述,软件工程专业建设方案应当全面考虑学生的发展需求和社会的实际需求,为培养高素质的软件工程人才提供全面的教育方案。

3. 机器人工程专业建设方案

机器人工程专业建设方案是一个涉及培养学生在机器人技术领域的综合能力项目。该专业旨在培养具备机器人设计、制造、控制和应用能力的高级人才,以满足社会对机器人应用的迫切需求。

在课程设置方面,该专业将注重理论与实践相结合,强调学生的动手能力。核心课程包括机器人工程基础、机器人控制原理、机器人感知与导航等。此外,还将开设相关的实验课程,如机器人动力学与控制实验、机器人视觉与图像处理实验等,以提高学生的实践操作能力。

为了提供更好的实践环境,我们将建设一座现代化的机器人实验室。该实验室将配备先进的机器人设备和软件,为学生提供一个实践操作的平台。同时,我们还将与相关企业合作,开展实践项目,让学生能够参与真实的机器人应用开发,提高他们的实践能力和创新意识。

此外,为了培养学生的综合素质,我们将注重培养学生的团队合作和沟通能力。在课程中将设置团队项目,要求学生在团队中合作完成机器人设计与制造任务。通过这样的实践,学生将学会与他人合作、协调工作,并培养解决问题的能力。

最后,为了提高学生的就业竞争力,我们将与相关企业建立合作关系,开展实习和就业指导。通过与企业合作,学生将有机会接触到真实的机器人应用项目,了解行业最新动态,为将来就业做好充分准备。

4. 机械电子专业建设方案

随着科技的迅猛发展和工业化进程的加速,机械电子专业人才的需求也日益增加。为了满足社会对机械电子专业人才的需求,我们制定了以下机械电子专业建设方案。

首先,我们将从课程设置入手,建立起全面而有深度的机械电子专业课程体系。我们将设立核心课程,包括机械设计、电子技术、自动控制等,以培养学生的核心能力。同时,我们还将设置实践课程,如实验室实践、工程实践等,以帮助学生将理论知识应用于实际工作中。

其次,我们注重实践教学环节。我们将建设一流的机械电子实验室,配备先进的设备和仪器,提供学生进行实验和研究的平台。我们还将积极与企业合作,为学生提供实习和就业机会,使他们能够更好地了解行业需求和工作实践。

再次,我们加强了师资队伍建设。我们聘请了有丰富教学和科研经验的教授和专家,组建了一支高水平的师资团队。他们将为学生提供专业指导和学术支持,同时积极参与科研项目,促进学科发展。

从次,我们还将开展学生交流与合作项目。我们将积极与国内外知名高校和研究机构合作,组织学生参加学术交流活动和国际竞赛,拓宽学生的国际视野,提高他们的综合能力。

最后,我们将加强对学生就业指导和职业发展的支持。通过开设职业规划课程和就业指导讲座,帮助学生了解就业市场的动态和就业技巧。同时,我们将与企业建立紧密的合作关系,提供就业信息和推荐服务,为学生顺利就业提供支持。

9.1.4 师资队伍建设

优秀的师资队伍对于学院发展和学生培养起着至关重要的作用。泛IT现代产业学院的师资队伍建设要打破专业限制,建设专兼结合的、结构化的教师教学创新团队,有效地支撑产业学院模块化、项目化和订单式等教学改革。

产业学院可以通过"柔性引进"等方式聘请产业教授,通过"名师学者"等方式聘请工程高端人才,通过校企"互聘共育"等方式组建共享师资团队。同时,校企双方共同研究师资队伍培养、聘用和激励机制,共同制定多元多渠道的教师培训方案,建立学校骨干教师和企业科研能手、能工巧匠互聘兼职或定期交流制度。从师资队伍的结构、建设目标和措施等方面进行探讨。

首先,师资队伍的结构是师资队伍建设的基础。一个完善的师资队伍应该包括具有丰富教学经验和科研能力的教授和副教授,以及具有创新精神和实践经验的讲师和助教。这样的结构可以保证学院在教学和科研方面都能够得到充分的支持和指导。此外,还应该注重师资队伍的年龄结构和学术背景的多样性,以确保学院的师资队伍在不同领域都有所涉猎,能够满足学生的多样化需求。

其次,师资队伍建设的目标应该是培养一支高水平、高素质的师资队伍。这不仅包括提高教师的教学水平和科研能力,还应该注重培养教师的创新意识和团队合作精神。只有这样,学院的师资队伍才能够在教学和科研方面取得更大的成就,为学院发展提供更强有力的支持。

最后,为了实现上述目标,学院需要采取一系列措施来加强师资队伍建设。其一,学院可以通过加强教师的培训和进修,提高他们的教学水平和科研能力。其二,学院可以加大对教师的科研项目和教学项目的支持力度,鼓励教师积极参与科研和教学活动。其三,学院还可以加强对教师的考核和激励机制,激励教师不断提高自身素质,为学院发展贡献更大的力量。

综上所述,泛IT现代产业学院的师资队伍建设是学院发展的重要保障,只有建立一支高水平、高素质的师资队伍,学院才能够在教学和科研方面取得更大的成就。因此,学院应该注重师资队伍的结构、建设目标和措施,努力打造一支适应时代发展要求的师资队伍,为学院发展注入新的活力。

9.2 科研体系建设

9.2.1 科研方向可行性团队建设

泛IT现代产业学院是一个重要的学科领域,其科研方向涵盖了计算机技术、人工智能、自动化控制等多个领域。在当今科技发展迅猛的时代,科研团队的建设显得尤为重要。本节将探讨泛IT现代产业学院科研方向可行性团队建设的问题。

首先,科研团队建设需要有一个明确的方向和目标。泛IT现代产业学院的科研方向涉及众多领域,因此需要根据学院的实际情况和资源配置,确定一个具体的研究方向。这个方向可以是基础研究,也可以是应用研究,但必须有一定的前瞻性和创新性。只有明确了科研方向,团队才能有所侧重,避免盲目性和浪费资源。

其次,科研团队建设需要有一支高水平的研究团队。这包括团队成员的选择和培养。在选择团队成员时,需要考虑到其专业背景和研究经验,以及团队合作的默契度和配合度。同时,还需要注重团队成员的培养和激励,鼓励他们积极参与科研活动,提高自身的研究水平。只有团队成员的素质过硬,团队才能具有竞争力。

再次,科研团队建设需要有一定的资源支持。这包括经费、设备和场地等多方面的支持。在当今科技发展日新月异的时代,科研需要大量的资金和设备支持。因此,学院需要为科研团队提供必要的资源支持,保障团队的科研活动顺利进行。同时,还需要加强与企业和其他科研机构的合作,共享资源和经验,提高团队的综合实力。

最后,科研团队建设需要有一定的管理和评估机制。这包括科研项目的管理和进度评估、团队成员的绩效考核等方面。科研团队建设需要有一支高效的管理团队,负责统筹协调各项工作,保障科研项目的顺利进行。同时,还需要建立科研成果的评估机制,鼓励团队成员积极参与科研活动,激发其研究潜力。

9.2.2 科研 demo 团队建设

随着科技的不断发展,泛 IT 现代产业学院的科研 demo 团队建设变得愈发重要。科研 demo 团队是指由一群志同道合的科研人员组成的团队,旨在开展科研项目并展示其成果。在泛 IT 现代产业学院,科研 demo 团队的建设不仅可以促进科研成果的转化和应用,还可以提升学院的学术声誉和影响力。因此,建设一个高水平的科研 demo 团队对于学院来说至关重要。

首先,科研 demo 团队建设可以促进科研成果的转化和应用。随着科技的不断进步,科研成果的转化和应用已成为学院的重要任务之一。而科研 demo 团队作为展示科研成果的平台,可以帮助科研人员将他们的成果转化为实际应用,并向社会展示其重要性和价值。通过科研 demo 团队,学院可以更好地将科研成果推广到社会各个领域,从而实现科研成果的最大化利用。

其次,科研 demo 团队建设可以提升学院的学术声誉和影响力。一个高水平的科研 demo 团队不仅可以展示学院在科研领域的实力,还可以吸引更多优秀的科研人员加入学院的科研队伍中。这样一来,学院的科研实力将得到进一步提升,学术声誉和影响力也将随之提高。这对于学院的整体发展具有重要意义,其可以为学院在学术界树立良好的形象,吸引更多的优秀学生和科研人员加入学院中。

然而,要建设一个高水平的科研 demo 团队并非易事。其一,需要学院领导高度重视科研demo团队建设,并给予足够的资源和支持。其二,需要有一个高水平的科研团队作为支撑,他们将成为科研demo团队的核心成员,并负责组织和展示科研成果。其三,还需要有一套完善的管理制度和流程,确保科研demo团队运作顺利,并能够持续发展下去。

9.2.3　科研专题

泛IT现代产业学院是由武汉工商学院计算机与自动化学院与上海子杰软件有限公司共同建设的,面向产业、植根于产业、服务于产业是产业学院的主要任务。根据学院和企业的规划,产业学院选取了低代码平台、项目管理、知识管理、数据中台、人工智能、物联网和数字孪生等七大专题开展科研。

1. 低代码平台

低代码平台的评估和比较研究:可以对不同的低代码平台进行评估和比较,分析它们在功能、易用性、扩展性、性能等方面的优劣,为用户选择合适的低代码平台提供参考。

低代码平台的应用案例研究:可以调研和分析低代码平台在不同领域的应用案例,探讨其在企业、政府、教育等领域的实际应用效果和价值,并总结经验和教训。

低代码平台的开发方法和工具研究:可以研究低代码平台的开发方法和工具,如模型驱动开发、可视化编程、自动生成代码等技术,探索如何提高低代码平台的开发效率和质量。

低代码平台的性能优化和扩展研究:可以研究低代码平台的性能优化和扩展技术,如并行计算、分布式部署、缓存策略等,以提高低代码应用的响应速度和扩展能力。

低代码平台的安全性和隐私保护研究:可以研究低代码平台的安全性和隐私保护技术,如访问控制、数据加密、安全审计等,以保障低代码应用的安全性和用户隐私。

低代码平台的用户体验和用户参与研究:可以研究低代码平台的用户体验和用户参与技术,如可视化界面设计、用户反馈机制、用户社区建设等,以提升低代码应用的用户满意度和用户参与度。

2. 项目管理

项目管理方法和工具的研究:研究不同的项目管理方法和工具,评估其适用性和效果,以提供更有效的项目管理方法和工具。

项目管理绩效评估的研究:研究如何评估项目管理绩效,包括项目进度、成本、质量和风险等方面的评估,以改进项目管理实践。

项目管理知识体系的研究:研究项目管理的理论框架和知识体系,探讨项目管理的核心概念、原则和最佳实践,以提高项目管理的理论基础和实践水平。

项目管理团队和领导力的研究:研究项目管理团队的组建、发展和领导力,探讨如何提高项目管理团队的协作能力和领导效能,以提升项目成功率。

项目管理创新和变革的研究:研究项目管理的创新和变革,包括敏捷项目管理、数字化项目管理等新兴趋势和方法,以适应不断变化的项目环境和需求。

项目管理知识转化和应用的研究:研究项目管理知识的转化和应用过程,包括项目管理培训、知识共享和组织学习等方面的研究,旨在促进项目管理知识的实际运用和价值创造。

3. 知识管理

知识获取与组织的研究:研究如何有效地获取和组织相关知识,包括信息检索、知识抽取和知识分类等方面的研究。

知识共享与传播:研究如何促进知识的共享和传播,包括知识分享平台的设计与建设、知识传播的社交网络分析等。

知识评估与应用的研究:研究如何评估知识的质量和价值,以及如何将知识应用于实际问题解决和决策支持等。

知识创新与创造的研究:研究如何通过知识管理来促进创新和创造,包括知识创新的过程与机制、知识创造的方法与工具等。

知识管理与组织学习的研究:研究如何通过知识管理来促进组织学习和知识共创,包括知识管理与组织学习的关系、知识管理对组织绩效的影响等。

知识管理与智能技术的研究:研究如何利用智能技术来辅助知识管理,包括人工智能、大数据分析、机器学习等。

4. 数据中台

数据整合与集成的研究:研究如何将分散的数据源整合到数据中台中,并进行数据集成,包括数据清洗、数据标准化和数据转换等。

数据质量与一致性的研究:研究如何保证数据中台中数据的质量和一致性,包括数据质量评估、数据质量管理和数据一致性检测等。

数据安全与隐私保护的研究:研究如何保障数据中台内数据的安全性和隐

私保护,包括数据加密、访问控制和隐私保护算法等。

数据分析与挖掘的研究:研究如何利用数据中台内的数据进行分析和挖掘,包括数据挖掘算法、机器学习和深度学习等。

数据可视化与决策支持的研究:研究如何通过数据中台内的数据进行可视化展示,并提供决策支持,包括数据可视化技术、智能分析和决策支持系统等。

数据治理与管理的研究:研究如何进行数据中台的数据治理和管理,包括数据治理框架、数据管理流程和数据治理策略等。

5. 人工智能

算法的研究:可以研究和改进现有的人工智能算法,如深度学习、强化学习、自然语言处理等,提高算法的效率、准确性和鲁棒性。

模型设计和构建的研究:可以设计新的人工智能模型,如图神经网络、生成对抗网络等,用于解决特定的问题或应用场景。

数据处理和挖掘的研究:可以研究如何有效地处理和挖掘大规模的数据,以提取有价值的信息,并为人工智能系统提供更好的支持。

人机交互和界面设计的研究:可以研究如何设计更智能、人性化的人机交互界面,使人工智能系统更易于使用和理解。

伦理和社会影响的研究:可以研究人工智能技术对社会、经济、伦理等方面的影响,探讨如何在人工智能发展中解决相关问题,保障人工智能的安全和可持续发展。

应用的研究:可以将人工智能技术应用于特定领域,如医疗、交通、金融等,解决实际问题,提高效率和质量。

6. 物联网

网络通信技术的研究:研究物联网网络通信协议、网络拓扑结构、通信安全等方面的技术,以提高物联网的通信效率和可靠性。

数据管理与处理的研究:研究物联网中大规模数据的采集、存储、处理和分析技术,以提高物联网系统的数据管理和智能决策能力。

物联网安全与隐私保护的研究:研究物联网中的安全威胁和隐私保护问题,开发安全认证、身份验证、数据加密和隐私保护等相关技术。

物联网应用与智能系统的研究:研究物联网在各个领域的应用,如智能交通、智能家居、智能医疗等,并开发相应的智能系统和算法。

能源管理与环境监测的研究:研究物联网在能源管理和环境监测方面的应

用,包括能源消耗优化、环境污染监测和智能环境控制等。

物联网与人工智能融合的研究:研究物联网与人工智能的结合,开发智能感知、智能决策和智能控制等相关技术,以提高物联网系统的智能化水平。

7. 数字孪生

数字孪生建模与仿真的研究:研究数字孪生技术中的建模方法和仿真算法,开发适用于不同领域的数字孪生模型。

数字孪生优化与控制的研究:研究如何利用数字孪生技术进行系统优化和控制,通过与实际系统的交互,实现最优控制策略的设计和实施。

数字孪生与物联网的融合的研究:研究数字孪生与物联网技术的结合,探索数字孪生在智能物联网中的应用,实现对物理系统的实时监测、分析和控制。

数字孪生与人工智能的结合的研究:研究数字孪生与人工智能技术的融合,探索数字孪生在机器学习、深度学习和自动化决策等方面的应用,提高数字孪生系统的智能化水平。

数字孪生在工业领域的应用的研究:研究数字孪生在工业生产、设备维护和故障诊断等方面的应用,提高生产效率、降低成本和提升产品质量。

数字孪生在医疗领域的应用的研究:研究数字孪生在医疗影像分析、疾病预测和治疗方案优化等方面的应用,提高医疗诊断和治疗的准确性及效率。

数字孪生的安全与隐私保护的研究:研究数字孪生系统的安全性和隐私保护机制,解决数据泄露、攻击和滥用等问题,确保数字孪生系统的可靠性和可信度。

9.2.4 科研组织结构

根据以上研究方向,学院组建了团队进行科学研究,具体组织形式和研究内容如表9-4所示。

表9-4 科研组织结构和研究内容

科研管理室	科研管理内容
理论研究室	自我调节学习
	基于深度学习的头部姿态估计
	人体姿态估计
	面部表情识别

续表

科研管理室	科研管理内容
理论研究室	基于深度学习的泛义学习资源推荐
	知识图谱
	知识追踪
	视线估计
	手势识别
	数据隐私保护
技术研究室	软件工程课题组：低代码平台
	知识管理课题组：梳理知识管理的功能
	数据中台课题组：梳理数据中台相关理论与应用
	人工智能课题组：梳理人工智能的发展和应用
	物联网课题组：梳理物联网相关的理论和应用
	数字孪生课题组：梳理数字孪生相关的理论和应用
应用研究室	泛IT工程课题组：泛IT工程实践，主要是泛IT工程项目
	工程教育课题组：梳理工程教育的功能
	车联网课题组
	中小学作业系统课题组：梳理K12功能
	智能制造课题组：梳理智能制造功能
	数字乡村课题组：梳理乡村振兴中的数字化功能
	机器人应用课题组：梳理机器人的应用
	机器学习课题组：梳理机器学习相关功能
	元宇宙课题组

9.2.5 科研服务

泛IT产业学院的科研服务将在汽车行业、教育行业、乡村振兴和智能等方面发挥科研力量的作用。

1. 汽车行业

1) 办公管理

研究和开发与汽车行业相关的办公管理系统，包括但不限于人力资源管理、财务管理、供应链管理等。探索如何优化汽车企业的办公流程，提高工作效率，降低成本，并提供更好的服务。

软件开发和定制：开发针对汽车行业的办公管理软件，如人力资源管理系统、项目管理系统、考勤管理系统等，以提高办公效率和管理水平。

数据分析和决策支持：开发数据分析和决策支持软件，帮助汽车公司分析和利用大数据，进行销售预测、供应链管理、客户关系管理等，以优化决策和提高业务效益。

人工智能助手：研发智能助手软件，通过语音识别和自然语言处理技术，为汽车公司提供智能化的办公辅助功能，如语音助手、智能会议管理等。

2) 车联网

车联网是指通过互联网和通信技术将汽车与外部环境连接起来，实现车辆之间、车辆与交通基础设施之间、车辆与人之间的信息交流与传递。高校教师可以在车联网领域开展科研，包括但不限于车辆诊断与维护、智能驾驶、交通管理等方面。他们可以研究车辆数据的收集、处理和分析，开发智能化的车辆控制系统，提高车辆的安全性和驾驶体验。

智能驾驶系统：研究和开发智能驾驶系统，包括自动驾驶技术、车辆感知与决策、车辆通信与协同等，以实现更安全、更高效的驾驶体验。

远程监控和控制：开发远程监控和控制软件，通过车联网技术实现对汽车的远程状态监测、远程启动、远程锁车等功能，提升车辆安全性和用户便利性。

数据安全和隐私保护：研究和应用数据安全和隐私保护技术，保护车辆和用户的数据安全，防止黑客攻击和信息泄露。

3) 汽车制造

汽车制造是汽车行业的核心领域之一。高校教师可以从汽车制造的不同方面展开科研，包括但不限于材料科学、制造工艺、生产线优化等。他们可以研究新材料在汽车制造中的应用，开发新的制造工艺和技术，提高汽车的质量和生产效率。此外，他们还可以研究汽车制造中的环保和可持续发展问题，探索如何减少对环境的影响。

车辆设计和仿真：开发车辆设计和仿真软件，帮助汽车制造商进行车辆结构设计、材料选择、碰撞仿真、燃油效率优化等,提高汽车的安全性和性能。

生产线优化和自动化:研究和应用生产线优化和自动化技术,提高汽车制造的生产效率和质量,降低成本。

物联网应用:利用物联网技术,实现汽车制造过程中设备的远程监测和维护,提升设备的可靠性和使用寿命。

2. 教育行业

1) 智慧校园

高校教师可以在智慧校园中进行以下科研工作。

数据分析与挖掘:利用智慧校园系统中收集到的大量数据,进行数据分析和挖掘,以发现潜在的规律和趋势,为教育决策提供科学依据。

教育技术研究:智慧校园中的教育技术工具和平台提供了丰富的研究对象,教师可以研究和评估这些工具的有效性和影响,以改进教学方法和教育模式。

教育评估与改善:智慧校园系统中的各种数据和指标可以用于教育评估,教师可以研究如何有效地评估学生的学习成果和教学质量,并提出改进措施。

学习分析与个性化教育:通过对学生学习过程的数据分析,教师可以了解学生的学习特点和需求,从而提供个性化的教学和辅导,提高学生的学习效果。

教育管理与决策支持:智慧校园系统提供了丰富的管理和决策支持工具,教师可以研究如何有效地利用这些工具,提高教育管理的效率和决策的科学性。

2) K12(中小学)教育

作业系统的设计与优化:研究如何设计和优化K12作业系统,使其更加符合学生学习需求和教学目标,提高作业的有效性和效率。

作业对学习成效的影响研究:研究作业对学生学习成效的影响,探索作业的设计、布置和反馈方式等因素对学生学习的影响,为优化作业设计提供依据。

作业的个性化与差异化研究:研究如何根据学生的个体特点和学习需求,设计个性化和差异化的作业,提高作业的适应性和针对性。

作业与学生动机研究:研究作业对学生学习动机的影响,探索如何设计激发学生学习兴趣和主动性的作业,促进学生自主学习。

作业的评价与反馈研究:研究如何进行作业的评价和反馈,探索有效的评价方法和反馈策略,提供有针对性的指导和支持。

作业系统与教育技术研究:研究如何利用教育技术来支持和增强作业系统的功能和效果,如在线作业平台、自动化评分系统等。

3) 高校工程教育

教育教学研究:研究高校工程教育的教学方法、教学资源和教学评价等,探索有效的教学策略和教学创新,提高高校工程教育的质量和效益。

专业发展研究:研究不同专业领域的发展趋势和需求,了解行业对工程人才的要求,探索如何培养适应行业发展需要的工程人才,以及如何更新和改进专业课程设置。

实践教学研究:研究如何将实践教学与理论知识相结合,提高学生的实践能力和创新能力;探索实践教学的方法、实践项目的设计与管理、实践教学成果的评估等。

职业发展研究:研究工程人才的职业发展路径、职业素养和职业技能的培养等,帮助学生规划职业发展和提升职业竞争力。

教育技术研究:研究教育技术在高校工程教育中的应用,探索如何利用教育技术提高教学效果和学习体验,比如在线教育、虚拟实验室等。

教育政策研究:研究高校工程教育政策,了解国家和地区对高校工程教育的要求和支持政策,为高校工程教育的改革和发展提供政策建议和支持。

4) 升学规划

升学规划政策研究:研究不同地区、不同学校的升学规划政策,分析政策的制定背景、目的以及对学生的影响,为学生提供政策解读和指导。

升学规划策略研究:研究不同学生的升学需求和特点,探索有效的升学规划策略,帮助学生选择适合自己的大学专业和学校,提升升学成功率。

升学评估工具研究:研究和开发升学评估工具,如职业兴趣测试、能力评估等,帮助学生全面了解自己的优势和劣势,为升学选择提供科学依据。

升学规划案例研究:研究成功的升学规划案例,分析成功因素和经验,为学生和家长提供可借鉴的案例和指导。

3. 乡村振兴

乡村振兴战略研究:对乡村振兴战略进行深入研究,分析乡村发展的现状、问题和挑战,提出相应的政策建议和战略措施。

农村经济发展研究:研究农村经济发展的模式、机制和路径,探讨如何促进农村经济的升级和转型,提高农村居民的生活水平。

数字农业技术研究：研究数字技术在农业生产中的应用，如农业物联网、人工智能、大数据分析等，探索数字技术对提高农业生产效率、降低成本、改善产品质量的作用。

农村电子商务研究：研究农村电子商务的发展模式、运营机制和政策支持，探讨如何利用互联网、移动支付等数字技术手段促进农产品销售和农民收入增加。

农村信息化建设研究：研究农村信息化建设的现状、问题和挑战，提出农村信息化建设的策略和路径，推动农村信息化水平的提升，促进数字乡村的建设。

农村数字教育研究：研究农村数字教育的发展状况和问题，探索数字技术在农村教育中的应用，如远程教育、在线学习平台等，提出农村数字教育的发展策略和实施方案。

农村数字治理研究：研究数字技术在农村社会治理中的应用，如数字化农村管理、智能化服务等，探索数字治理对提高农村社会治理效能和服务水平的作用。

农村数字创新研究：研究农村数字创新的模式和机制，探索农村创新创业的数字化路径和支持政策，促进农村经济的转型升级和创新发展。

4. 智能制造

智能制造技术研究：研究智能制造领域的核心技术，如物联网、大数据分析、人工智能、机器学习等，探索其在制造过程中的应用。

智能制造系统优化研究：研究如何优化智能制造系统的设计与运行，如何提高生产效率、降低成本、提高产品质量等。

智能制造标准与认证研究：研究智能制造领域的标准与认证体系，推动智能制造技术的标准化与规范化发展，提高产品的互操作性（互用性）和可持续性。

智能制造应用案例研究研究：通过实际案例研究，分析智能制造技术在不同行业的应用效果，探索如何将智能制造技术应用于实际生产中。

9.2.6 科研成果

泛IT产业学院的科研服务在促进技术创新、产业升级和社会进步方面发挥着不可或缺的作用，通过在汽车行业、教育行业，以及乡村振兴、智能制造等领域的研究，其科研成果和技术应用将极大地提升企业的研发实力，企业可以提供更有竞争力的产品,为社会带来深远影响。这些科研课题都需要产生相应的科研成果,目前规划的科研成果如表9-5所示。

表9-5 科研成果

专著 14部	子杰低代码专著	车联网应用专著
	泛IT工程实践专著	机器人应用专著
	知识管理专著	机器学习专著
	人工智能专著	数字乡村专著
	物联网专著	智能制造专著
	数据中台专著	工程教育实践专著
	数字孪生专著	中小学作业系统专著
论文 50篇	《人工智能在医疗诊断中的应用》	《物联网技术在智能城市中的应用》
	《区块链技术在金融行业的应用》	《虚拟现实技术在游戏开发中的应用》
	《机器学习算法在推荐系统中的应用》	《自然语言处理在智能客服中的应用》
	《大数据分析在市场营销中的应用》	《人机交互设计在虚拟现实中的应用》
	《深度学习在图像识别中的应用》	《社交网络分析在舆情监测中的应用》
	《物联网技术在智能家居中的应用》	《云计算技术在大规模数据处理中的应用》
	《虚拟现实技术在教育领域的应用》	《数据挖掘算法在客户细分中的应用》
	《自然语言处理在文本情感分析中的应用》	《智能交通系统中的交通流量预测研究》
	《人机交互设计在移动应用中的应用》	《网络安全技术在移动支付中的应用》
	《社交网络分析在社会关系研究中的应用》	《人脸识别技术在身份验证中的应用》
	《云计算技术在企业信息化中的应用》	《智能农业系统中的气象监测研究》
	《数据挖掘算法在风险评估中的应用》	《虚拟现实技术在教育培训中的应用》
	《智能交通系统中的车辆识别技术研究》	《金融风险管理中的风险评估研究》
	《网络安全技术在电子商务中的应用》	《智能家居系统中的安全控制研究》
	《人脸识别技术在安全监控中的应用》	《人工智能算法在股票交易中的应用》
	《智能农业系统中的土壤湿度监测研究》	《区块链技术在物流管理中的应用》
	《虚拟现实技术在旅游推广中的应用》	《智能医疗设备中的心率监测研究》
	《金融风险管理中的预警模型研究》	《机器学习算法在音乐推荐中的应用》

续表

论文 50篇	《智能家居系统中的能源管理研究》	《大数据分析在电力系统中的应用》
	《人工智能算法在股票预测中的应用》	《深度学习技术在人脸识别中的应用》
	《区块链技术在供应链管理中的应用》	《物联网技术在环境监测中的应用》
	《智能医疗设备中的生命信号监测研究》	《虚拟现实技术在建筑设计中的应用》
	《机器学习算法在网络推荐中的应用》	《自然语言处理在舆情分析中的应用》
	《大数据分析在航空安全中的应用》	《人机交互设计在智能音箱中的应用》
	《深度学习技术在自动驾驶中的应用》	《社交网络分析在网络安全中的应用》
发明 专利 300项	学院以其卓越的创新能力和科研实力而闻名。其发明专利数量超过300项,充分展现了学院在计算机科学和技术领域的卓越成就。这些专利的涵盖范围广泛,涉及软件开发、人工智能、网络安全等多个领域,为学院在科研创新方面赢得了声誉。学院的发明专利数量之多,不仅反映了学院师生在科研工作上的辛勤付出,更彰显了学院在推动科技进步和社会发展方面的重要贡献。这一成就不仅为学院赢得了荣誉,也为学院师生提供了更多展示才华和实践成果的机会。相信在未来的科研道路上,学院将继续保持创新精神,为推动计算机科学和技术的发展作出更大的贡献。	
科研 项目	基于深度学习的图像识别与分析技术研究	机器学习算法在网络安全中的应用研究
	区块链技术在供应链管理中的应用研究	移动应用开发与移动互联网技术研究
	人工智能算法在智能交通系统中的应用研究	分布式系统的设计与优化研究
	大数据分析与挖掘在金融风险评估中的应用研究	数据库管理与数据挖掘技术研究
	软件定义网络(SDN)在数据中心网络中的应用研究	软件工程与软件质量保证研究
	虚拟现实技术在教育领域的应用研究	物联网技术在智能城市中的应用研究
	云计算与边缘计算融合架构的设计与优化研究	高性能计算与并行计算技术研究
	自然语言处理与情感分析在社交媒体中的应用研究	智能农业与农业物联网技术研究
	智能家居系统的设计与开发研究	面向对象程序设计与软件架构研究
	人机交互设计与用户体验研究	计算机视觉与模式识别技术研究

9.3　能力提升体系建设

泛IT人才培养的质量管控核心是评价。泛IT教育工程主张以能力提升为主线,不断优化过程;以评价为核心手段,实现过程控制。

泛IT教育工程的价值链是授课、实训、集训、见习、实习、就业、评价、竞赛。其中,核心手段是评价、竞赛;能力提升路线是授课、实训、集训、见习。

通过人才评价有序引导教学双方实现能力进阶,从根本上缓解当前高校IT教育与社会IT培训中"应知"的教育体系与软件开发企业"应会"的动手能力诉求脱节的现象,为广大高校与社会培训的泛IT教育提供更加科学的流程与评价标准,同时帮助更多的泛IT学员经过体系化的学习后能够实现精准就业。

9.3.1　实训中心建设

实训中心为实训、集训和见习提供教学标准、教学工具,并组织实施教学。泛IT现代产业学院实训中心作为学院重要的教学组织和实践基地,承担着为学生提供实训、集训和见习的重要任务。致力于为学生提供高质量的教学资源和实践机会,以帮助他们全面提升自己的专业能力和实践技能。

泛IT现代产业学院实训中心作为学院教学工作的重要组成部分,将秉承教学标准和教学工具的理念,不断提升教学质量和教学水平,为学生提供更加优质和全面的教学资源和实践机会,助力他们成长为优秀的专业人才。

1. 实训方式

主要通过"授课＋实训"的组合学习。"授课＋实训"的组合学习是一种结合了理论教学和实践操作的教学方法。在这种学习模式下,学生不仅仅是通过课堂上的理论讲解来获取知识,还可以通过实际操作来加深对知识的理解和掌握。这种学习方式能够更好地培养学生的实际操作能力和解决问题能力,使他们在未来的工作中能够更好地适应实际工作环境。通过"授课＋实训"的组合学习,学生可以更快地将所学知识转化为实际技能,提高就业竞争力。同时,教师也可以更好地了解学生的学习情况,及时发现问题并进行针对性的指导和帮助。因此,"授课＋实训"的组合学习是一种有效的教学模式,有利于学生的全面发展和教学质量的提高。

2. 实训管理、实训平台组成

教学过程由多个教学阶段组成,每个阶段会安排多门专业课与一门实训课,整个实施过程由教学老师与辅导员组成,实训平台管理机制如表9-6所示。每个专业方向每学期的实训课程以测评代替考试并计入期末成绩。这种教学模式旨在培养学生的实际操作能力和解决问题能力,使他们在未来的职业生涯中具备更强的竞争力。教学老师和辅导员将密切配合,确保教学计划的顺利实施,并及时对学生的学习情况进行跟踪和评估。通过这种全方位的教学方式,学生将更好地掌握所学知识,并能够在实践中运用所学技能,为将来的职业发展打下坚实的基础。

表9-6 实训平台管理机制

序号	管理内容	说明
1	机构和人员管理	班级、班级人员属于机构和人员管理
2	课程集管理	明确路线后,就会细分不同的学习周期(学期),在本科中是大一、大二、大三、大四上下学期,在社会实训中是类似具体某年某月度班级,这就需要对学期时间周期属性进行管理,每个学期会学习X门课程(X根据教学方向大纲来确定),亦可视为课程集合
3	课程管理	课程的设置须选择"授课、实训、集训、见习"中的一个属性,但课程由若干个章节组合而成,具体章节的分配由该门课程的授课教师来决定章节的区分,有具体安排的亦可与相应教材对应
4	章节管理	每一章节内循环讲授、循环练习、实践、测评;对教师而言,每一个具体的章节具备添加讲授、添加练习、添加实践、添加测评的功能,由教师动态配置
5	知识点管理	不作固化,引入知识管理,知识点与具体路线的具体学期中的某一课程的具体章节存在多对多的关系,每个教师对知识点的理解均不同,所以在我们底层章节内的循环中就不带知识点,可考虑在知识点管理中引入知识管理,后续对整个平台的知识点进行模糊处理,通过人工智能方式添加标签,最后形成大知识管理系统

9.3.2 集训中心建设

集训中心通过独立或与合作单位联合开展企业内训、学校校内集训或社会集训等形式。根据合作对象的不同,合作模式包括三类:第一类,集训中心2C

（即面向个人的集训）；第二类，合作院校集训（含职业院校集训和本科院校集训）；第三类，企事业单位内训。三种合作模式均采用同样的人才成长路线和同样的集训方式。

1. 集训模式

"以赛促学"是通过组织大学生参加各类竞赛，如湖北省、全国、全球的各种大型赛事，激发学生的学习兴趣，促进良好学风的形成。我们武汉工商学院计算机与自动化学院是湖北省职业技能大赛移动应用开发和商务软件解决方案这两个赛项的集训基地，基地以"授课＋集训"为主要教学形式；通过阶段性测评，时刻关注学员和选手的能力发展情况。

竞赛中心的任务是举办各种IT类竞技大赛，打造全省有影响力的应用型高校大学生参加的IT类赛事，主要服务于中华人民共和国职业技能大赛和世界技能大赛。同时竞赛中心积极与一本高校和知名互联网企业深度合作，提供整体的服务型、应用型、对抗型、就业型比赛服务方案，为中高端人才搭建展示技能的环境，为企业搭建选拔技能型人才的平台。

测评中心为各类竞赛和学院集训效果提供测评支持，同时积极调动各个方面的资源。如：利用一本高校、各类IT企业的资源来做好测评；各类学员、选手达到测评的要求后可以进入相关企业，保障企业的招聘水准。

集训组织形式如表9-7所示。

表9-7　集训组织形式

组织部门	基本组成	主要职责
专家组，负责集训相关技术工作	专家组由1名专家组长、多名技术指导专家构成。专家组成员要求应保证技术、技能领域覆盖全面，具备训练各项技术、技能要求所必需的能力，并须根据实际工作安排，明确每位成员的职责分工	专家组工作职责。专家组长负责专家组成员提名，及时了解并掌握竞赛技术要求，把握集训技术方向，及时将所获得的技术信息分享给专家组成员和参与集训各方。专家组成员研究各类竞赛技术要求，提出本项目集训工作基本技术思路；组织编制考核技术文件及试题，落实集训工作方案的技术保障相关安排；组织安排技术技能训练具体工作；会同教练员研究并解决集训技术工作方面的问题；总结集训工作中的好经验并加以固化

续表

组织部门	基本组成	主要职责
教练组，负责按集训方案对选手进行集训	教练组由若干名教练组成，可由专职老师担任。教练组长须由技术指导专家组长或专家兼任	教练组工作职责。根据专家组提出的集训技术方向制定好训练计划，确定比赛目标，加强管理，严格要求，科学训练，逐步提高选手成绩。教练组长根据本项目实际，安排教练员在每天训练结束后，及时指导选手填写集训日志，让选手在日志中填写每天训练的基本情况和存在的问题，使其认识到不足并予以改进提高。训练过程中，也可根据项目特点安排相应测验作为日常训练成绩，并由教练员将成绩记录在当天的集训日志中。教练在日常训练中，要按照各赛项技术要求，以及各阶段日常训练方案的要求，针对每位选手特点，进行补充性、提高性训练。在训练中，要注意培养选手良好的职业规范意识和遵守规则意识，及时纠正选手违反竞赛规则、操作规范和安全健康要求的行为。要听取选手在集训中提出的建议，并及时向教练组长反映
测试组		对竞赛选手项目考核结果进行统计、分析，问题确认和跟踪，推动问题及时合理解决。测试人员应根据测试问题进行汇总，及时反馈给教练组和专家组成员，配合教练组在第一时间进行集训方案调整，并有针对性地进行复测
后勤保障组		负责集训工作的统筹管理和组织协调，包括集训期间纪律和秩序的维护、学生的心理辅导、集训期间设备管理以及各项安全、疫情防控工作等

2. 集训内容

集训由日常训练和强化训练两个阶段构成。日常训练是指自集训工作启动，到确定参赛选手的阶段性考核之前的训练；强化训练是指确定参赛选手的阶段性考核之后，到参赛之前的训练。应结合集训项目、选手的特点及训练形式等进行合理安排，充分体现科学训练的基本原则。各项目应按各赛项技术要求和本项目训练工作方案要求，结合实际来安排训练内容。其中，日常训练阶段和强化训练阶段的训练重点主要包括技术技能训练和综合素质训练。集训内容如表9-8所示。

表9-8　集训内容

技术技能训练	第一,日常训练阶段,按照各赛项技术文件等要求,结合本项目技术技能基本要求,对选手进行全面的技能训练和相应的专业理论知识辅导,促使其达到各阶段技能训练目标。 第二,强化训练阶段,要充分吸收竞赛公布的最新技术要求内容,对选手进行针对性训练。专家组、教练组要尽力创造条件,使选手尽早熟悉比赛设施设备性能
综合素质训练	第一,加强思想政治教育。各项目应将爱国主义、集体主义、劳模精神、劳动精神、工匠精神等思政教育教育融入集训工作方案,采取切实措施,提高选手思想素质和道德水平。 第二,强化规则意识。各项目应进行竞赛规则、规范培训,将竞赛规则、操作规范、安全健康等融入训练和阶段性考核,使其成为选手工作习惯和必须遵守的要求。 第三,加强心理训练。各项目应加强选手心理培训,提供心理咨询、测评和疏导。 第四,加强应变能力训练。各项目在训练过程中,应结合各赛项要求,对选手进行各类突发事件应变能力训练,包括设备、设施、环境改变,工具、材料及试题等方面的临时变化,以及安全等其他方面突发情况的应变能力训练。同时,注意加强选手抗压能力及技能水平稳定性的训练 第五,加强选手自我管理能力训练。教练组应注意发挥选手的主观能动性,倾听并吸收选手意见,共同确定训练目标,研究解决训练中的问题。鼓励选手主动思考,按照集训工作方案,参与制订部分具体训练计划,合理规划时间,检查、管理训练工具和设备,提升选手自我管理能力。 第六,加强体能训练。根据项目特点和选手自身情况,科学合理制订体能训练计划,提高选手体能,满足参赛要求。 第七,加强适应性训练与团队磨合。在强化训练阶段,要充分了解比赛地的环境特点,并在赛前组织适应性训练。专家组、教练组和选手要加强团队磨合训练,强化团队意识,增进了解,提高团队参赛协同配合能力

3. 集训方式

集训方式主要有三种:竞赛集训、高培集训和岗前集训。通过这三种集训方式,为不同领域的人员提供了专业化的培训和提升服务,帮助他们在工作和竞争中取得更好的成绩。集训方式的多样性和专业性,使得集训中心成为人才培养和企业发展的重要支持力量,对于促进社会经济的发展和进步起到了积极作用。

首先,竞赛集训是针对参加各类竞赛的人员进行的专门培训。这种集训方式主要是为了提高参赛人员在竞赛中的表现,包括技能、心理素质、团队合作等方面的培训。竞赛集训通常由专业的教练和经验丰富的老师组成培训团队,他们会根据参赛人员的实际情况和竞赛要求,制订个性化的培训计划,通过系统的训练和指导,提高参赛人员的竞技水平和综合素质,为他们在竞赛中取得好成绩提供有力支持。

其次,高培集训是为企业和机构的高层管理人员或专业技术人员提供的培训服务。这种集训方式主要是为了提高高层管理人员的领导能力和决策水平,以及提升专业技术人员的专业素养和创新能力。高培集训通常由行业内的专家学者和成功企业的管理者组成培训团队,他们会结合实际案例和最新理论,为学员提供系统的培训课程和实战指导,帮助他们更好地应对复杂的管理和专业问题,提升自身的竞争力和综合素质。

最后,岗前集训是为即将进入工作岗位的人员提供的培训服务。这种集训方式主要是为了帮助新员工尽快适应工作环境和岗位要求,提高他们的工作效率和综合素质。岗前集训通常由企业内部的培训师和资深员工组成培训团队,他们会根据新员工的实际情况和岗位需求,制订针对性的培训计划,包括岗位技能培训、企业文化宣传、团队协作训练等内容,帮助新员工快速成长,为企业的发展和创新提供新鲜血液。

以下将对三种集训方式进行详细的介绍。

竞赛集训主要是根据学院"以赛促学"的教学方针而设立的,旨在以竞赛为目标,通过集训这个过程来提高学生的技能,如表9-9所示。

表9-9 竞赛集训

项目	时间	对象	选拔或集训方式	学业学习方式
选拔赛阶段	大一下学期的5月份	全体大一学生	自愿报名参加校级竞赛(C语言、网页设计)	正常上课
特殊情况下的选拔阶段	大一下学期	全体大一学生	第一轮参考C语言、网页设计任一门89分以上,自愿报名参加网络培训课;自愿报名参加第二轮报名选拔,方式待定	正常上课

续表

项目	时间	对象	选拔或集训方式	学业学习方式
预备期集训	大一下学期的6月份	选拔赛每方向前30人	课余时间进行相对集中的培训	正常上课
暑期竞赛集训	大一升大二的8月份	选拔赛每方向前30人	"996制"集中集训	暑期
赛前集训	单个竞赛前2~3月（如遇特殊情况导致赛事延期或多个赛事接连,则赛前集训时间延长）	完成第三轮集训的每方向前4~8人	"996制"集中集训	全面停课,当学期专业课中非核心课停课并置换成绩、公共课在部分补课后考试
特殊情况下的备赛培训	根据特殊情况定时间	原定需进行集训的学生	课余时间上网络培训课	正常上课
省或国家级基地集训	按上级文件要求执行	入选集训的优秀学生	省级或国家级选拔赛后,在基地集中集训,或进企业进行实战强化集训	全面停课,当学期所有课程直接替换

各项目集训期间安排两次阶段性考核。首次阶段性考核按成绩排序,并进行公示,可根据考核成绩末位淘汰。第二次阶段性考核最终确定参赛选手,并根据需要确定备选选手。

首次阶段性考核内容以技能考核为主。选手各模块分数之和构成本次考核成绩,如本阶段考核为一次完成,本次考核成绩即为本阶段考核最终成绩;如本阶段考核为多轮次进行,则由专家组长确定各轮次考试成绩权重,加权总计后作为本阶段考核最终成绩。首次阶段性考核成绩不带入下一阶段考核。首次阶段性考核的工作方案主要包含以下内容:考核领导小组组成及责任分工;测试组构成与分工;考核轮次(可以一次完成,也可安排多次)、时间及地点安排;考核命题方式(含各轮次技术文件公布时间、试题确定方式等);成绩构成(各模块、轮次分数权重及成绩汇总方式,出现成绩并列时的处理方式);考核规则、考核纪律和违规处理等要求。

考核规则应参照各赛项相关规定,按照往届各赛项相关竞赛"技术规则"及"指导意见"的基本要求制定;考核过程点评应围绕考核内容和目的、成绩分析、存在问题及下一步安排等方面组织选手及相关人员开展点评;技术点评是首次阶段性考核结束后,专家组要组织本阶段参加考核的全体选手和有关人员进行技术点评和成绩分析。全面分析本次考核工作技术准备、组织实施情况和存在问题,听取意见建议,完善下阶段训练工作。

第二次阶段性考核主要目的是选拔参赛选手,根据成绩排序选出参赛及备选选手。考核试题主要是针对竞赛试题的测试。到强化训练阶段可采取一日一测的形式,每日记录选手各个模块的成绩,汇总后第二天公布成绩排名,让选手及时了解自己的薄弱环节,教练组有针对性地及时调整训练节奏,以便提高选手成绩。

4. 集训评价

集训评价以大循环评价和内循环评价两种形式开展,大循环是进行一轮完整竞赛模块的训练,并进行评价,内循环是单独对竞赛的某个子模块进行训练,并给出评价。

以移动应用开发赛项的集训为例,集训总评份表如表9-10所示。

表9-10 集训总评分表

总评分表			
项目名称:	移动应用开发		
项目编号:		选手号:	
模块号	配分说明	分数评定	
		分值	实际得分
A	交通工具预约租赁APP	50.00	
C	预约洗车管理系统	50.00	
	总分	100.00	

移动应用开发赛项的学员评价详细表如表9-11所示。

表9-11 学员评价详细表

子模块分	子配分说明	分数评定	
		分值	实际得分
A0M	禁止使用"混合开发"模式	10.00	
A1M	创建"登录、注册"	8.00	

续表

子模块分	子配分说明	分数评定	
		分值	实际得分
A2M	创建"explorer"	24.00	
A3M	创建"booking"	8.00	
C1M	登录界面	6.00	
C2M	提示页	3.00	
C3M	我的页面	4.50	
C4M	我的车页面	3.00	
C5M	绑定新车页面	4.00	
C6M	选择品牌界面	2.00	
C7M	洗车界面及确认界面	9.50	
C8M	选择门店界面	2.00	
C9M	选择服务	4.00	
C10M	我的订单界面	6.00	
C11M	订单详细界面	6.00	
总分		100.00	

9.3.3 见习中心建设

1. 见习作用和目的

通过专业测评的学生进入企业见习，学习积累企业真实项目实战经验，全面提升个人技术等综合水平，这是当前教育体系中一个备受关注的话题。随着社会的不断发展和进步，传统教育方式已经不能完全满足学生的需求，而企业见习则成为一种更为有效的学习方式。本节将探讨通过专业测评的学生进入企业见习对个人综合水平提升的重要性，并分析其优势和挑战。

首先，通过专业测评的学生进入企业见习能够让学生接触到真实的企业项目，从而在实践中提升自己的技术水平。在传统教育体系中，学生往往只是停留在理论层面的学习，缺乏实际操作的机会。而通过企业见习，学生有机会亲身参与到企业的实际项目中，学习并应用自己所学的知识，从而更好地理解和掌握所学的技能。这种实践性的学习方式不仅能够加深学生对知识的理解，还能够培养学生的实际操作能力，使其在未来的工作中更加游刃有余。

其次，企业见习还能够帮助学生全面提升个人综合水平。在企业见习期间，学生不仅需要具备专业的技术能力，还需要具备良好的沟通能力、团队合作能力以及解决问题能力。这些综合能力在实际工作中同样至关重要，通过企业见习，学生能够在实践中不断提升自己的综合能力，从而更好地适应未来的工作环境。

然而，尽管通过专业测评的学生进入企业见习有诸多优势，但也面临着一些挑战。首先，企业见习需要企业愿意接纳实习生，并为他们提供实际真实项目的机会。而有些企业可能对实习生的要求较高，对于通过专业测评的学生来说，他们需要在学校和企业之间找到一个平衡点，使自己能够顺利进入企业见习。其次，企业见习也需要学校和企业之间的良好合作，以确保学生能够在企业中得到有效的指导和培训。

综上所述，通过专业测评的学生进入企业见习，学习积累企业真实项目实战经验，全面提升个人技术等综合水平，对于学生的成长和发展具有重要意义。在未来，学校和企业应该加强合作，共同推动企业见习项目的发展，为学生提供更多更好的学习机会，使他们能够更好地适应未来的职业发展。

2. 见习实施过程

在武汉工商学院泛IT现代产业学院中，有一个数字培养体系见习基地，该基地引入了相关企业并长期入驻。通过集训测评的优秀学生可报名参加企业见习面试，由企业的项目经理选拔其为见习成员，吸纳进入软件项目实战组，双方签署"见习协议"，进入真实项目研发与运作指导。

见习制度主要内容如表9-12所示。

表9-12 见习制度主要内容

项目	时间	对象	考核或集训方式	学业学习方式	见习项目组福利
暑期见习集训报名阶段	大二下学期	就业方向为软件行业的学生	由辅导员组织多轮毕业两年内就业意向登记	按要求加入相应QQ群后，提前预习	了解软件行业的就业前景
暑期见习集训	大二升大三的暑期8月份	完成水平测试的学生	"996制"集中集训	暑期	免费提升自身专业技术水平

续表

项目	时间	对象	考核或集训方式	学业学习方式	见习项目组福利
第一轮专业测评阶段	大三上学期的9月份	完成暑期见习集训阶段的学生	集中参加专业技术测评	正常上课	(1)通过专业测评的学生进入企业见习,学习积累企业真实项目实战经验,全面提升个人技术等综合水平; (2)未通过测评则集训跟班学习,备战后续的专业测评机会
直通见习阶段	大三	水平测试阶段获推荐的学生(原完成省级备赛集训的选手)、分组测试前20~30名选手	加入软件协会对应的项目组,接受项目经理的直接管理	当学期专业课中非核心课停课,置换成绩	(1)通过测评的学生即具备进入企业见习的基础水平,但仍需听从企业项目指导老师的指导管理,通过见习期内的测评,提升技术水平后参加企业项目组的招募; (2)未通过测评则需继续提升技术
第一轮见习期内部测评	大三上学期的11月份	通过测评进入见习的学生	在全面停课后,进行见习期间测评考核	非专业核心课全面停课	听从企业项目指导老师的指导管理,通过见习期内部测评后有资格参加企业项目组的招募,全面学习提升真实企业项目团队管理、研发、协作等经验值
第二轮专业测评	大三上学期期末	第一轮分组测评中未达标的学生	根据大三上学期的期末考试成绩划线考核	正常上课	(1)通过专业测评的学生进入企业见习,学习积累企业真实项目实战经验,全面提升个人技术等综合水平; (2)未通过测评,则集训跟班学习,备战后续的专业测评机会

续表

项目	时间	对象	考核或集训方式	学业学习方式	见习项目组福利
第二轮见习阶段	大三下学期	完成第二轮专业测评并达标的学生	加入软件协会对应的项目组,接受项目经理的直接管理	当学期专业课中非核心课停课,置换成绩	(1)通过测评的学生则具备进入企业见习的基础水平,但仍需听从企业项目指导老师的指导管理,通过见习期内的测评,提升技术水平后参加企业项目组的招募; (2)未通过测评则需继续提升技术
第二轮见习期内部测评	大三下学期的5月份	通过第二轮测评进入见习的学生	当全面停课,进行见习期间测评考核	非专业核心课全面停课	听从企业项目指导老师的指导管理,通过见习期内部测评后有资格参加企业项目组的招募,全面学习提升真实企业项目团队管理、研发、协作等经验值
子杰内部实习岗的测评	大三下学期期末	第二轮测试中未达标的学生	根据大三下学期的期末考试成绩划线考核	正常上课	(1)通过测评的学生即具备进入企业见习的基础水平,但仍需听从企业项目指导老师的指导管理,通过见习期内的测评,提升技术水平后参加企业项目组的招募; (2)未通过测评则需继续提升技术

见习种类主要分为项目见习和名企见习两种,具体如表9-13所示。

表9-13 见习种类

名称	项目见习	名企见习	产品说明
周期	6个月	12个月	为标准推荐集训周期,实际情况以最终通过测评为准。
试题	助理PM测评试题	前端开发、JavaWeb各一套测评试题＋助理PM测评试题	(1)产品1~2的测评试题是一样的,仅按技术方向进行区分; (2)产品1~2可申请参加1~3中的各项测评,但是每项测评对应一项集训费用; (3)产品3必须在产品1或者产品2通过之后才可申请; (4)产品4~5的测评内容等于产品1或2加上产品3的测评内容
目标定位	通过就业测评,推荐就业,月薪4000元以上。	通过就业测评,确保就业,薪资每月10000元以上。	1~4薪资只作为参考标准,不作为法律承诺;第5项可作为协议条款,达不到者可退定制费用款项。未通过者终身免费集训,直到通过(食宿费用自理)

(说明:产品1:子杰官网前端页面;产品2:子杰官网后端页面;产品3:某汽车集团竞品系统;产品4、产品5:综合测评。)

见习岗位主要包括测试岗位、需求岗位、前端开发岗位、后端开发岗位、项目助理岗位、项目经理岗位。

见习学员在企业参与真实的项目,由企业人事经理根据事先提供的考核表打分。

见习平台本质是项目管理平台,可以对不同角色的工作作出统计。

9.4 评价体系建设

9.4.1 学生能力评价中心建设

学生能力评价发挥着指挥棒的作用。要探索建立更具适配性与牵引力的学生评价,就是要使学生评价更好地反哺人才培养模式的改革与创新等。其基本内容主要体现在以下四个方面。

第一,开展多元化评价。校企不应以一把标尺度量所有学生,本着真实反映不同特长、不同岗位、不同需求的学生学业成绩的取向,根据校企融合、多样化多层次育人的状况,设立不同的目标和考核内容,允许教师通过多样化方式评价学生的学习成效。比如,在传统课堂理论考核的基础上,引入在岗实践综合评价,鼓励学生通过组织创新创意团队、开展实践技能研发等方式证明学业成绩,要特别注重学生思想道德素质与综合文化素养等层面的考查,全面客观地反映学生的综合培养成效。

第二,开展多样化评价。既要有重点地考查终端学业成就,也要注重过程性考查。比如,既要考查学生的主观能动性、探索进取精神等主观学习态度,也要考查过程中统筹与协调能力等,要注重定量考查与定性考查的充分结合,精准描摹学生的专业精神与能力、创新创业特质等。要充分发挥校企结合立体化培养的优势,根据不同的专业特点、岗位特质需求,系统梳理过程、环节、环境、主观、客观等各关联要素,尝试建立基于多样化评价导向的专业化评价机制,实现评价考核"专业特色性""人岗相适性"。

第三,开展多层次评价。在进行综合性评价的同时,根据企业和行业用人的具体需求,积极开展多层次评价。比如,专项评价主要考查人才的某一方面特长与优势,如技术创新能力、精细化动手能力、团队协作能力、市场拓展能力等,将人才的优势和个性特质有效结合,可以更加精准适配企业与行业具体工种与门类的需求。在多层次评价中,也可以积极尝试引入企业对专业化人才的考核与评价标准,实现校企双向评价的融合,更好地体现评价标准的科学性、全面性。

第四,开展多路径评价。现代产业学院采用混合所有制合作办学模式,其教学设备、设施通常由高校、地方政府、行业协会和企业等多方投资或捐款形成,因此高校要积极发挥多主体办学的独特优势,在自身评价的同时,积极引入企业评价、行业组织评价、社会评价等,构建多主体复合型评价,反映各关联主体对创新型人才培养需求。

学生能力培养中心搭建以云机房为基础的评价平台,涵盖考试、测评、答辩、实战四种考核方式,体现公开公正的评价原则,是一个开放共享的软件开发能力测试工具,根据评价结果出具权威的评价分析报告。

9.4.2 教学能力评价中心建设

为了提升教师的教学水平,并推动教育教学的现代化与国际化进程,建立现代产业学院的教学能力评价中心至关重要。在构建这一教学能力评价中心时,应着重关注教师的全面发展,紧密结合应用型高校教育的特点以及教师的职业发展需求,坚持采用多元化评价体系,并持续改进,不断完善评价体系。

首先,计算机与自动化教学能力评价中心的建设可以提升教师的教学水平。通过建立评价中心,可以对教师的教学能力进行全面评估,帮助教师发现自身的不足之处,并提供针对性的培训和指导。同时,评价中心也可以对学生的学习情况进行跟踪和评估,帮助学校更好地了解学生的学习情况,从而采取更加有效的教学方法。

其次,计算机与自动化教学能力评价中心的建设可以促进教育教学的现代化。随着信息技术的不断发展,传统教学模式已经无法满足现代学生的需求。建立评价中心可以借助先进技术手段,对教学过程进行全面监测和评估,从而推动教育教学的现代化转型。同时,评价中心也可以为教师和学生提供更加便捷的教学资源和服务,提升教学效率和质量。

最后,计算机与自动化教学能力评价中心的建设可以促进教育教学的国际化。随着全球化发展,教育教学也面临着越来越多的国际化挑战和机遇。建立评价中心可以借助国际先进的评价标准和方法,对教育教学进行国际化评估,提升学校的国际竞争力。同时,评价中心也可以为国际学生和教师提供更加专业的教学支持和服务,促进国际教育交流与合作。

在综合多种评价优势的基础上,能为教师自主发展提供可行性的反馈建议,帮助教师制定正确的发展方向。在这一评价体系运行下,教师可及时接收反馈信息,从而在自我调控过程中取得较好发展效果。教学评价重点在于以教师各阶段的自主发展需求为主,做到对教师教学能力的动态监控,能保证评价制度对教师综合能力提升产生正向影响。主要从价值标准、主体、功能、内容等角度出发,建立起满足高职教育特点的教师评价体系。

除了设定多元化评价指标外,还应突出教师评价指标的高职特色。由于高职教育主要是对学生专业技能的培养,因此对高职教师专业能力和实践技能有较高要求,这就需要将上述内容作为主要评价指标,引导教师将专业技能训练作为重点发展项目。另外,在教学质量方面,还需要在确定培养应用型人才这一教学目标下,适当增加实践课程在全部课程中的占有比例,为学生提供实践平台,是保证教学目标有效实现的前提。从这一角度来看,要在教学评价体系中增加实训教学质量这个指标的权重,进一步提高教学评价体系实施质量,促进教师不断发展,为强化高职教育效果奠定基础。

9.4.3 科研能力评价中心建设

随着科学技术不断发展,计算机与自动化领域的科研能力评价日益成为人们关注的焦点。在这样的背景下,建设计算机与自动化科研能力评价中心成为当务之急。我们将从需求分析、建设目标、建设内容、建设步骤等方面对计算机与自动化科研能力评价中心的建设进行探讨。

首先,需求分析是建设计算机与自动化科研能力评价中心的重要基础。当前,计算机与自动化领域的科研成果日新月异,但是如何客观、全面地评价这些成果的科研能力却是一个亟待解决的问题。因此,建设一个科研能力评价中心能够满足对计算机与自动化领域科研成果的评价需求,为科研工作者提供一个公正、客观的评价平台。

其次,建设计算机与自动化科研能力评价中心的目标应当明确。该中心应当致力于建立科学、客观的评价体系,提高计算机与自动化领域科研成果的评价水平,促进科研成果的转化和应用。同时,该中心还应当为政府决策提供科学依据,为企业创新提供技术支撑,为科研工作者提供发展平台。

再次,建设内容方面,计算机与自动化科研能力评价中心应当包括科研成果评价、人才评价、项目评价等多个方面。其中,科研成果评价是该中心的核心内容,包括对计算机与自动化领域的论著、专利、软件等科研成果的评价,以及对科研机构和科研团队的评价;人才评价则是评价科研人员的科研水平和创新能力;项目评价是评价科研项目的科研价值和成果转化能力。

最后,建设计算机与自动化科研能力评价中心应当分步骤进行。其一,应当进行前期调研,了解国内外类似中心的建设经验和发展现状,为后续建设提供参考。其二,应当制订建设规划和方案,明确建设目标和内容,确定建设时间和预算。其三,进行中心人员的培训和团队建设,为中心的运行和管理打下基础。其四,应当进行中心设施和设备的建设,确保中心能够正常运行。

综上所述,建设计算机与自动化科研能力评价中心对于提高科研成果的评价水平,促进科研成果的转化和应用,具有重要意义。因此,我们应当充分重视该中心的建设,加大投入,加强管理,确保该中心能够发挥出最大的作用,为计算机与自动化领域的发展作出更大贡献。

9.5 人力资源体系建设

人力资源服务中心是企业组织中负责招聘、培训、绩效管理、员工福利等工作的部门,其职能和作用对于企业发展至关重要。存在于产业学院中的人才服务中心,在行业需求分析、人才培养合作、职业规划与指导、师资队伍建设、职业技能培训与评价、创新创业教育、企业文化建设和终身学习与职业发展等方面发挥着重要作用。

行业需求分析:人力资源服务中心在泛IT产业学院中扮演着至关重要的角色。我们通过定期收集和分析IT行业的就业数据、趋势报告和人才缺口信息,以确保我们的教学计划和课程设置能够紧跟市场需求的步伐。此外,我们通过与行业企业的沟通,深入了解企业对人才技能的具体需求,同时组织行业专家研讨会,探讨未来技术发展和人才趋势,从而为学院的教育内容提供有力支持。

人才培养合作:在现代产业学院中,我们深知实践经验对于IT工程专业学生的重要性。因此,人力资源服务中心积极与IT企业建立合作关系,共同开发定制化的培养计划。我们实施校企联合项目,如实战教学、学期项目、实习实训等,让学生在实际工作环境中锻炼自己的技能。同时,我们邀请行业专家担任客座教授,为学生提供行业视角和实际案例,帮助学生更好地理解行业动态和职业发展路径。

职业规划与指导:人力资源服务中心致力于帮助学生实现自身职业目标。我们提供一对一职业咨询,帮助学生了解自身兴趣和职业发展方向。此外,我们还开展职业发展讲座和工作坊,提升学生对于职业规划的认识和能力。通过这些服务,我们旨在为学生提供清晰的职业发展道路,并帮助他们实现自身潜力。

师资队伍建设:教师队伍建设是教育质量的关键。人力资源服务中心致力于吸引和培养高水平的教师,以提供优质的教育资源。我们与行业企业共享师资资源,加强校企合作,提升教师的实战经验。同时,我们还鼓励教师参与专业培训和研究,以保持他们的专业知识和教学水平的更新。

职业技能培训与评价:人力资源服务中心提供针对性的职业技能培训和评价,帮助学生和教师提升技能,满足行业标准。我们与行业权威认证机构合作,为学生提供认证培训和评估,使他们能够获得行业认可的技能证书。此外,我们还为教师提供技能提升的机会,以提高他们的教学水平和实践能力。

创新创业教育:人力资源服务中心鼓励和指导学生参与创新创业项目。我们提供必要的资源和支持,如创业指导、资金申请、项目孵化等。通过这些服务,我们旨在培养学生的创新精神和创业能力,为他们未来的职业发展奠定坚实基础。

企业文化建设:人力资源服务中心注重培养学生的职业素养和团队合作能力。我们通过与企业合作,引入企业文化和管理模式,使学生在学习期间就能适应企业的环境和工作方式。此外,我们还组织企业参观和交流活动,让学生更好地理解企业的运作。

终身学习与职业发展:人力资源服务中心致力于为学生提供终身学习的机会和职业发展的规划。我们与行业企业合作,了解行业发展和职业发展趋势,为学生提供持续学习和提升的机会。通过这些服务,我们帮助学生在职业生涯中不断进步和提升,实现自身职业目标。

参考文献

[1] 姜大源.职业教育:情景与情境辨[J].中国职业技术教育,2008,(25):1-8.

[2] 黄碧龙.产教融合背景下民办高职院校"双师型"教师团队建设路径探究[J].太原城市职业技术学院学报,2021,(12):83-85.

[3] 徐涵,杨科举.论技术本科教育的内涵——基于技术教育与科学教育、工程教育的关系的视角[J].职教论坛,2011,(10):53-56.

[4] 江晓原.重新审视:技术与科学是两个平行系统[EB/OL].文汇报,2021-08-05(11)[2021-08-05].https://wenhui.whb.cn/third/baidu/202108/05/418146.html.

[5] 张瑞.产业升级与人才培养模式改革[J].中国教育学刊,2017,(3):55-57.

[6] 李晓光.高校科研能力提升与产业创新[J].科技与创新,2019,(4):98-99.

[7] 王志伟.产学研合作与产业升级[J].现代产业经济,2018,(5):20-22.

[8] 刘建.产业政策与教育政策互动研究[J].中国行政管理,2016,(11):91-95.

[9] 朱高峰.关于当前工程教育的几个问题[J].高等工程教育研究,2000,(04):1-2.

[10] 崔延强,李雄.新型研究型大学的兴起与可持续发展策略[J].华东师范大学学报(教育科学版),2024,42(08):23-39.

[11] 葛耀君.工程教育的未来已来[J].桥梁,2021(6).

[12] 爱德华 F 克劳雷,约翰·马尔姆奎斯特,索伦·奥斯特隆德.重新认识工程教育-国际CDIO培养模式与方法[M].顾佩华,沈民奋,陆小华,译.北京:高等教育出版社,2009.

[13] 夏鲁惠.工业革命与中国工程教育发展[J].中国发展观察,2020,(Z1):61-67.

[14] 郑庆华.高等工程教育发展:守正与创新[J].高等工程教育研究,2021,(05):44-49+81.

[15] 郭晋燕.美国工程教育政策研究——从科学范式到工程范式[C].中国伦理学会,"伦理视域下的城市发展"第五届全国学术研讨会.北京:北京建筑大学,2015,(15-18).

[16] 葛耀君.工程教育的未来已来[J].桥梁2021(6).

[17] 孙爱花.高校教师教研能力提升策略研究[J].教育教学论坛,2019,(1):136-137.

[18] 李志义.解析工程教育专业认证的成果导向理念[J].中国高等教育,2014,(17):7-10.

[19] Dolby. N. (2008). Global Citizenship and Study Abroad: A Comparative Study of American and Australian Undergraduates[J]. Frontiers the Interdisciplinary Journal of Study Abroad.2008,5(7):51-57.

[20] 林平,宋婷婷.基于OBE理念的数学专业产教融合应用型人才培养模式研究[J].赤峰学院学报(自然科学版),2023,39(05):83-87.

[21] 杨艳玲,吴晓静,贾玉玲,等.OBE理念下高职院校化工类专业产教融合精准育人模式研究[J].化工设计通信,2023,49(11):160-162.

[22] 张勇,吴其林.应用型本科高校软件工程一流专业建设研究[J].忻州师范学院学报,2022,38(05):118-123.

[23] 崔艳清.探索电子商务人才培养新模式[J].人力资源,2020(22):53-54.

[24] 安德森 L W,索斯尼克 L A.布卢姆教育目标分类学——40年回顾[M].谭晓玉,袁文辉,译.上海:华东师范大学出版社,1998.

[25] Benjamin S. Bloom ed. Taxonomy of Educational Objectives. Handbook I: Cognitive Domain[M]. New York: David McKay Co Inc,1956.

[26] 李志义,朱泓,刘志军,等.用成果导向教育理念引导高等工程教育教学改革[J].高等工程教育研究,2014,(02):29-34+70.

[27] Wiliam G. Spady. Outcome-based education: Critical issues and answers[M]. Arlington: American Association of School Administrators,1994.

[28] 李红惠.学习金字塔:学术神话建构与解构的博弈[J].外国教育研究,2021,48(11):20-32.

[29] 徐冬旸.高等教育教学中的OBE理念探索与实践[J].中国多媒体与网络教学学报(上旬刊),2023,(03):13-17.

[30] 李冲,毛伟伟,张红哲,等.从工程训练中心到学习工厂[J].高等工程教育研究,2021,(03):92-99.

[31] 康全礼,陆小华,熊光晶.CDIO大纲与工程创新型人才培养[J].高等教育研究学报,2008,31(04):15-18.

[32] B Jianfeng, L Hu, Y Li, Z Tian, L Xie, L Wang, M Zhou, J Guan, H Xie. The Progress of CDIO Engineering Education Reform in Several China Universities: A Review [J]. Procedia Social & Behavioral Sciences,2013,(93):381-385.

[33] 亚里士多德.物理学[M].张竹明,译.北京:商务印书馆,1982.

[34] 王学文.工程导论[M].北京:电子工业出版社,2012.

[35] 陈珏.CDIO与翻转课堂立体融合教学模式设计与应用[J].高教学刊,2019,(25):86-88+91.

[36] 温彭年,贾国英.建构主义理论与教学改革——建构主义学习理论综述[J].教育理论与实践,2002,(05):17-22.

[37] 高艳.基于建构主义学习理论的支架式教学模式探讨[J].当代教育科学,2012,(19):62-63.

[38] 陈宁.对"抛锚式"教学模式的探讨[J].重庆师范大学学报(自然科学版),2005,(01):81-83+87.

[39] Spiro, R . J. & Jehng, J- C. Cognitive flexibility and hypertext: Theory and technology for the nonlinear and multidimensional traversal of complex subject matter [A]. D. Nix & R . J. Spiro. Cognition, education and multimedia: Exploring ideas in high technology [C]. Hillsdale, NJ: Lawrence Erlbaum Associates,1990,163-205.

[40] Spiro R.J. , Jehng, J- C. Cognitive flexibility and hypertext: Theory and technology for the nonlinear and multidimensional traversal of complex subject matter [C]. D. Nix , Spiro R . J. Cognition, education and multimedia: Exploring ideas in high technology. Hillsdale, NJ: Lawrence Erlbaum Associates,1990,163-205.

[41] 陈家刚.认知学徒制二十年研究综述[J].远程教育杂志,2010,28(05):97-104.

[42] 张建伟,孙燕青.从"做中学"到建构主义——探究学习的理论轨迹[J].教育理论与实践,2006,(07):35-39.

[43] 王坦.论合作学习的基本理念[J].教育研究,2002,(02):68-72.

[44] 邹进.现代德国文化教育学[M].山西:山西教育出版社,1992.202.

[45] 马斯洛.人性能达的境界[M].昆明:云南人民出版社,1987.169.

[46] 赵祥麟、王承绪.杜威教育论著选[M].上海:华东师范大学出版社,1981.

[47] 董娜,胡新颖.基于质量控制的PDCA循环法在网络课程教学中的应用[J].数字印刷,2020,(03):113-118+124.

[48] 施良方.泰勒的《课程与教学的基本原理》——兼述美国课程理论的兴起与发展[J].华东师范大学学报(教育科学版),1992,(04):1-24.

[49] 郑东辉.美国教师评价素养研究述评[J].全球教育展望,2011,40(06):46-51+57.

[50] 王岚,吴跃本,崔金魁.高职院校"双师型"教师专业素质培育研究[M].南京:东南大学出版社,2021.

[51] 孙平."双师型"工程教育教师的知识结构及发展路径[J].高等工程教育研究,2007,(05):50-53.

[52] 赵熹.高职院校产教融合的研究与实践[M].西安:西北大学出版社,2022.

[53] 黄佳.产教融合一体化育人策略与实践[M].北京:中国原子能出版社,2021.

[54] 谢笑珍."产教融合"机理及其机制设计路径研究[J].高等工程教育研究,2019,(05):81-87.

[55] 李慧,等.产教融合背景下创新创业人才的培养研究[M].北京:现代出版社,2023.

[56] 高红,张启森,武靖.职业院校创新型人才评价机制构建研究[J].职业教育研究,2021,(08):72-76.

[57] 高晓燕.产教融合背景下高职"双师双能型"教学创新团队建设研究[J].现代职业教育,2024,(04):125-128.

[58] 邓小华,卢浩.行业产教融合共同体赋能新质生产力涌现的内在逻辑与路

径选择[J].中国职业技术教育,2024,(24):21-28+37.

[59] 方益权,闫静.关于完善我国产教融合制度建设的思考[J].高等工程教育研究,2021,(05):113-120.

[60] 陈志杰,徐兰,李玉春.产教融合型企业建设的价值趋向、现实问题及路向选择[J].教育与职业,2021,(23):12-19.

[61] 叶耀辉,廖学强,王海霞.地方现代产业学院建设的要求、路径和保障——基于16份省域政策文本的NVivo分析[J].教育与职业,2024,(02):21-27.

[62] 王春利,孙丹丹,徐瑶."五个一体化"现代产业学院新模式建设研究[J].现代教育科学,2021,(04):149-156.

[63] 邓小华,王晞.现代产业学院的基本职能与运行机制[J].职教论坛,2022,38(07):37-44.

[64] 邓志新.适应性背景下现代产业学院的运行机制研究——论产业链、教育链、人才链、创新链的关系[J].中国职业技术教育,2023,(31):47-53.

[65] 秦虹.职业教育专业链、人才链与产业链对接的探索——以天津职业院校与产业发展为例[J].教育科学,2013,29(05):76-81.

[66] 邓小华,王晞.现代产业学院的基本职能与运行机制[J].职教论坛,2022,38(07):37-44.

[67] 万伟平.现行机理下产业学院的运行困境及其突破[J].教育学术月刊,2020,(3):82-87.

[68] 郑金胜.职业院校混合所有制产业学院建设研究[M].江西:江西高校出版社,2022.